849.78
1517.

TRAITÉ
DE
LA LÉGITIMITÉ.

IMPRIMÉ PAR LACHEVARDIERE FILS,
SUCCESSEUR DE CELLOT, RUE DU COLOMBIER, N° 30.

TRAITÉ
DE LA
LÉGITIMITÉ,

CONSIDÉRÉE COMME BASE DU DROIT PUBLIC
DE L'EUROPE CHRÉTIENNE;

PRÉCÉDÉ D'UNE
LETTRE A S. S. LE VICOMTE DE CHATEAUBRIAND,
PAIR DE FRANCE,

SUR LE RAPPROCHEMENT DES OPINIONS,

ET SUIVI DE
L'ÉLOGE HISTORIQUE DE SAINT LOUIS,
ETC., ETC.;

PAR
M. MALTE-BRUN.

PARIS,
LIBRAIRIE DE CHARLES GOSSELIN,
SEUL ÉDITEUR DES OEUVRES COMPLÈTES DE SIR WALTER SCOTT,

M. DCCC. XXV.

A S. S. LE VICOMTE

DE CHATEAUBRIAND,

PAIR DE FRANCE,

CHEVALIER DES ORDRES DU SAINT-ESPRIT,
DE SAINT-ANDRÉ, etc., etc.

———

En livrant à la presse, il y a quatre mois, ce Traité de la légitimité, j'étais décidé à demander à Votre Seigneurie la permission de vous en faire l'hommage public. Le désir de vous offrir un témoignage de respect au moment où vous étiez l'objet d'une persécution politique, n'avait rien que de naturel chez celui qui, dans d'autres temps, en face de vos persécuteurs littéraires, professa son admiration pour votre génie. C'est une des jouissances les plus pures que de venger ceux qu'une puissance injuste poursuit de calomnies et d'outrages. Vous n'avez pas ignoré, Monsieur le Vicomte, que, pendant cette époque d'épreuve où vous partageâtes le second exil de votre monarque, j'élevai ma faible voix, au milieu des bandes fédérées, pour faire l'éloge du caractère personnel des Bourbons. C'était à titre de défenseur de vos princes absents et outragés, que j'étais sûr de vous faire agréer l'hommage d'un écrit qui reproduit les mêmes sentiments dans des temps plus heureux.

La dédicace d'un traité qui a pour but d'unir étroitement les principes de la légitimité et de la liberté paraissait d'ailleurs spécialement due à Votre Seigneurie, puisque c'est votre noble fidélité à ces principes qui a valu à votre politique l'honneur d'être jugée incompatible avec ce système de despotisme administratif que plusieurs de vos anciens collègues prennent à tort pour un système monarchique. « Circonvenons, disaient » vos ennemis, circonvenons le juste; il » nous est inutile, il est même contraire » à nos œuvres; il nous reproche nos » péchés. Son aspect même nous est » odieux; car ses voies ne sont pas les » nôtres [1]. »

---

[1] Sap. Sal. c. II.

Cependant j'ai dû remarquer, pendant l'impression de ce Traité, que chaque jour la puissance, purement matérielle, de vos adversaires déclinait, tandis que votre pouvoir intellectuel et moral, déjà si grand, allait rapidement en augmentant. Dès lors j'ai dû craindre que ce qui eût été naguère un acte d'indépendance ne parût, par le changement des circonstances, un acte d'adulation, indigne à la fois de vous et de moi. J'ai dû renoncer à vous dédier le Traité de la légitimité; mais je ne renonce pas à l'honneur de vous soumettre quelques réflexions sur l'application que je désirerais voir faire par les publicistes des principes généraux développés dans cet ouvrage.

Ce Traité fut conçu en 1817, et la

première idée en fut énoncée dans plusieurs articles de *la Quotidienne* de M. Michaud. Le mot d'ordre des amis de la monarchie était alors plus que jamais *la légitimité;* mais tandis que les royalistes y rattachaient un sentiment généreux, d'autres prétendaient y entrevoir une doctrine mystique, un commandement de servitude, et même un système hostile contre les libertés nationales. Je me proposai de définir le principe de manière à y comprendre tout, ce qui est légitime dans la société, les choses aussi bien que les personnes, les institutions comme les dynasties. Bossuet, ou plutôt la sainte Écriture, m'avait fourni l'idée fondamentale[1], et vos

---

[1] *Politique sacrée*, liv. VIII, art. II.

éloquents écrits, Monsieur le Vicomte, m'en avaient appris d'heureuses applications. L'article *les tombes royales*, où la définition du principe de la légitimité se trouve déjà tout entière, me valut un suffrage fortement encourageant de la part d'un de vos plus illustres amis. Plus tard, lorsque MM. Bertin m'eurent permis de développer ma théorie dans un nombre considérable d'articles insérés au *Journal des Débats* et en partie fondus dans ce traité, notre vénérable Platon, M. de Bonald, vint publiquement, dans ses articles sur la Grèce, sanctionner ces mêmes doctrines en reconnaissant « la légitimité des choses » à côté de celle des personnes. Les suffrages de tant de royalistes distingués, et la constante approbation d'un public si nombreux, nous autorisaient en quelque sorte à considérer cette théorie comme adoptée par tous les amis de la royauté nationale et de la liberté légitime en France. Le principe de la légitimité, dans son véritable sens, fut même respecté par ceux qui *alors* le regardaient comme susceptible d'abus[1]. Nous consacrâmes bien des veilles à mettre notre théorie à l'abri de toute objection que le partisan le plus consciencieux de la liberté politique pourrait y faire, n'ayant rien plus à cœur que de jamais paraître abandonner la cause sacrée des peuples. Mais il fallut encore mettre d'accord notre théorie avec les traités publics de

---

[1] Le *Constitutionnel* vient de reconnaître et d'invoquer le principe de la légitimité, « comme garantissant et pro- » tégeant toutes les libertés, tous les droits légitimes. »

l'Europe, et notamment avec le pacte de la sainte alliance, dont la France est co-signataire. Cette dernière partie de notre travail était indispensable pour nous donner une base réelle, une base historique et diplomatique; quelques hommes d'état étrangers dont nous avons invoqué les lumières nous ont permis de croire que nos doctrines, quoique indépendantes, ne sont pas des utopies, mais qu'elles renferment la pensée des gouvernements, comme elles renferment la substance de leurs conventions.

Le Traité de la légitimité, étranger à tout calcul de parti, se présente au milieu des agitations politiques comme le ferait la chaste fille du désert, votre pure et virginale Atala, Monsieur le Vicomte, au milieu d'une troupe de bayadères.

Noble Pair, c'est votre protection éclairée, c'est votre puissante influence qui peuvent engager les hommes politiques à y chercher les principes élevés, trop souvent perdus de vue dans ce siècle.

Notre théorie, tout historique, renferme, ce nous semble, les bases d'une solide pacification entre les deux écoles politiques qui se partagent tous les écrivains pensants, instruits et libres de la France. L'une et l'autre y retrouveront ce qu'il y a de plus juste dans leurs vœux, de plus vrai dans leurs doctrines, mais combiné dans un autre ensemble, et subordonné à un principe commun.

La légitimité, dans le sens historique et universel sous lequel nous l'avons considérée, est le principe protecteur de tous les droits politiques tant de la société que des individus. La vraie liberté peut-elle trouver un appui plus solide que ce respect pour les droits établis? Partons donc, dans toutes les discussions, de la base historique des légitimités plutôt que des théories spéculatives de la révolution. Que la liberté prenne le langage monarchique pour faire apprécier la pureté de ses intentions à ceux qu'elle a pu effaroucher. Que le nom doux et majestueux de la légitimité remplace tous les grands mots de l'éloquence populaire. Nous ne repoussons pas la souveraineté du peuple par haine de la démocratie (forme de gouvernement très respectable partout où elle est la légitime); nous repoussons toute souveraineté arbitraire et fondée sur la seule force physique. La société n'existe que dès le moment où les faits sont devenus des droits et où la force morale a créé le pouvoir légitime. C'est cette divinité sociale que nous révérons sur le trône ou dans les conseils nationaux. Les théories de la révolution française nous sont en exécration comme contraires à la liberté politique et à l'indépendance des nations. Les vœux raisonnables, mêlés aux cris révolutionnaires, et souvent étouffés sans résultat, doivent tous peu à peu trouver leur accomplissement dans des réformes émanant du pouvoir légitime. La bonté accordera tout ce que demandera l'amour et la raison. La charte est comme un édifice encore peu avancé dans sa distribution intérieure, mais où il y a de quoi loger toutes les libertés, anciennes et nouvelles; seulement rappelons-nous que son fondement est la monarchie ancienne avec cette dynastie nationale qui en est l'âme. Oublions donc ces édifices éphémères, élevés sur d'autres bases; et dans la création de toutes les institutions qui sont à fonder, comme dans le maintien de celles qui sont fondées, demandons avant tout les conseils des générations qui ne sont plus; elles ne flatteront pas notre vanité, elles ne séduiront pas notre imagination: ce qui a été est connu et jugé; l'avenir n'a que des promesses. La royauté, l'aristocratie, la démocratie, sont les éléments légitimes de la société politique. Proscrivons toute doctrine exclusive qui tendrait à détruire un point quelconque de cette trinité sociale; elle ouvrirait la brèche aux révolutions nouvelles. Ne proscrivons que ce pouvoir factice, ennemi des pouvoirs véritables, toujours jaloux d'administrer avec l'arbitraire, de gouverner avec la servilité, de régner dans un intérêt étranger au trône et à l'état. Plus nous nous pénétrons de la légitimité, plus nous avons d'espoir de nous affranchir du *ministérialisme*. Cherchons surtout, dans l'amélioration morale de notre propre être, le véritable moyen de perfectionner les sociétés humaines. Que la paix laisse à chaque état le loisir de s'occuper de sa civilisation intérieure ; ne perpétuons pas les haines nationales en calomniant mutuellement nos institutions et nos lois, en dénigrant les intentions de tant de monarques généreux et sincères ; acceptons l'augure touchant d'une alliance générale, et que la religion, guidée par l'esprit de charité, affermisse ces liens de la famille européenne.

Tels sont, noble Pair, les sentiments que, par le présent ouvrage, je voudrais ranimer ou développer dans toute âme bienveillante, dans tout esprit élevé et indépendant. C'est autour de ces sentiments que je voudrais réunir, chacun dans son attitude indépendante, tant d'habiles écrivains dont les talents jettent de l'éclat sur leur parti, tandis qu'aux yeux du parti opposé, un sinistre nuage en intercepte les clartés. Leur désunion est le salut des médiocrités qui les oppriment; leur rapprochement serait le triomphe de la raison et du génie. Cette faible tentative de leur offrir un principe commun pourrait devenir le commencement d'une série d'explications mutuelles les plus graves et les plus salutaires.

Ces principes dominants de la théorie de la légitimité, qui nous semblent dignes de plaire à tout Européen civilisé, n'excluent nullement les divergences d'opinion sur les moyens de fonder ou de conserver les gouvernements légitimes. On peut, selon les pays et les lois, se croire obligé de soutenir avec plus ou moins de zèle telle branche du pouvoir légitime, et cependant garder un respect sincère pour la liberté; on peut être né dans des églises différentes, et cependant servir avec le même esprit de charité l'intérêt commun de la religion chrétienne; on peut déplorer au nom de sa nation, de son pays, certaines pertes, certains dérangements de la balance politique, et cependant professer avec toute sa conscience les grandes vérités sociales, proclamées par la sainte alliance. Citons un exemple particulièrement intéressant pour la France. Quiconque comprend la légitimité veut des communes et des provinces librement administrées, et par conséquent la destruction de la bureaucratie centrale et la réduction du *viziriat* de l'intérieur. Qu'ils veuillent ensuite, avec M. le comte de Bertier, la prépondérance de l'aristocratie, ou, avec M. Bacot de Romans, celle de la démocratie, ils n'en sont pas moins en principe des alliés, des amis, et peut-être l'écrit que nous préparons sur cette question, redoutée du ministère, réussira-t-il à réunir parfaitement, même sur les intérêts locaux, tous les vrais patriotes.

Sur combien d'autres points les hommes d'honneur et d'esprit n'ont-ils pas réussi à se mettre d'accord et à créer une opinion publique, désormais inébranlable?

Une pensée sombre, mais vraie et forte, a tout réuni par une crainte commune. Un pouvoir ennemi travaille à désunir les trônes et les peuples de l'Europe : il prend tous les déguisements, mais sous tous les masques il combat le règne des lois; il respire dans l'anarchie populaire et dans le despotisme ministériel, dans les révolutions militaires comme dans la censure et l'espionnage, dans l'impunité légale assurée aux administrations, dans la persécution du mérite et dans la faveur de l'ineptie, dans le système des élections faussées et des journaux achetés, dans les oppressions individuelles et dans les outrages offerts aux corps politiques ou judiciaires; c'est toujours le même pouvoir infernal, acharné à détruire l'honneur, la liberté et la légitimité; c'est toujours le génie de l'arbitraire, de l'illégitimité, de la révolution et de la servilité.

Ce système, cependant, n'est pas l'ouvrage d'un homme ni d'une réunion d'hommes : il est le produit de l'affaiblissement des mœurs publiques et des institutions légitimes; il est la maladie générale de l'Europe vieillie. Nous avons démontré, dans le cours de cet ouvrage, qu'un certain *ministérialisme* ne s'est glissé dans le gouvernement constitutionnel français qu'à la suite des dissensions nées des lacunes de la Charte. Nous n'avons pas à craindre, sous Charles X, que ce système puisse se maintenir; trop d'excès l'ont entraîné vers sa chute; trop de maladresses soulèvent contre lui l'opinion : mais il est dans l'intérêt de la légitimité et dans celui de la liberté que ce grand procès ne soit décidé qu'au tribunal de la raison politique, et qu'après avoir été amplement instruit par la presse libre, il soit jugé avec calme par les pouvoirs constitutionnels, afin que ces pouvoirs, en extirpant le mal, puissent distinguer dans leur sagesse les moyens d'en prévenir le retour.

C'est ici que les écrivains politiques doivent revêtir un caractère imposant. Organes de la vérité, ministres de la justice sociale, ils ne doivent pas voir les hommes, mais les choses. Celles-ci doivent être détruites si elles sont ennemies de la légitimité et de la liberté; ceux-là peuvent être admis à faire acte de repentir, et ils doivent trouver dans l'esprit du gouvernement légitime une protection généreuse contre les haines même que leurs fautes ont soulevées. L'opinion ne demande pas un holocauste de quelques hommes faibles ou entraînés, pourvu qu'elle obtienne une garantie contre tout système de corruption et d'abus. *Bellante prior, jacentem lenis in hostem.* Noble Pair, c'est à votre haute autorité à réunir et à guider les écrivains politiques dans cette carrière glorieuse et difficile. Vous vous êtes toujours senti assez fort pour avoir toute la modération compatible avec l'intérêt de la vérité et de la société; vous ne refuseriez certainement pas de coopérer à tirer d'un abîme d'embarras, et je dirais même d'opprobre, ceux même qui s'y sont précipités pour avoir cru que, forts de quelques services réels et de quelques ressources matérielles, ils pouvaient (les ingrats!) se passer de l'appui moral d'un beau génie et d'un beau caractère. *Tuque prior, tu parce, genus qui ducis Olympo.*

Faites donc retentir encore une fois cette voix qui, en annonçant le retour des Bourbons, en immortalisant leurs malheurs, a tant de fois fait tressaillir les entrailles de la France. Rallumez et redoublez ce grand phare de *la Monarchie selon la Charte*. Donnez-nous un traité complet des institutions du gouvernement légitime, et prouvez de nouveau à la partie pensante de l'Europe que les véritables idées et les hautes capacités politiques existent plutôt dans le cabinet du philosophe religieux, savant et lettré, que dans les antichambres de l'intrigue et les comptoirs de la finance.

Il est une jeunesse généreuse, patriotique, laborieuse, mais trop ardente, connaissant mal le droit public de l'Europe, peu instruite de l'histoire des révolutions, et pas assez pénétrée des grandes et consolantes vérités du christianisme. Voudrait-elle s'arrêter dans sa marche fougueuse, et essayer un moment si la théorie de la légitimité ne satisferait pas mieux que le matérialisme révolutionnaire ces immenses désirs et ces vastes espérances d'un cœur encore indompté par l'adversité, encore vierge de corruption? Étrangère à la philosophie athée du dix-huitième siècle, étrangère aux crimes de 1793, pourquoi cette jeunesse, espoir de la France sous tant de rapports, ne se rattacherait-elle pas à des doctrines pures, à des sentiments élevés, au système des libertés légitimes et des légitimités nationales? Cette jeunesse, Monsieur le Vicomte, vous admire comme écrivain, vous respecte comme citoyen; car elle a le sentiment de ce qui est beau. Si mes faibles talents ne réussissaient pas à la ramener, c'est à vous à faire agir sur elle le talisman de votre génie. Ses mouvements irréfléchis pourraient nuire à une belle cause : mais quelle force irrésistible n'aura pas cette génération nouvelle, si elle plante le drapeau de la véritable liberté sur le terrain inviolable de la légitimité bourbonienne et nationale, de la légitimité européenne et chrétienne?

C'est ainsi que je remets à la puissance supérieure de votre génie l'achèvement de cette union des esprits libres et des cœurs purs qui forme le but du *Traité de la légitimité*.

Daignez agréer, Noble Pair, les sentiments vifs et respectueux avec lesquels je suis

DE VOTRE SEIGNEURIE

Le très humble et très obéissant serviteur,

MALTE-BRUN.

Paris, ce 1er novembre 1824.

TRAITÉ

DE

LA LÉGITIMITÉ,

CONSIDÉRÉE COMME BASE DU DROIT PUBLIC
DE L'EUROPE CHRÉTIENNE.

Submotâ justitiâ, quid sunt regna nisi magna latrocinia?
B. AUGUSTIN, *de Civit. Dei.*

CHAPITRE PREMIER.

IDÉE DE CE TRAITÉ.

«Dieu seul est souverain ! A lui seul appar-
» tient toute puissance, parcequ'en lui seul sont
» les trésors d'amour, de science et de sagesse
» infinies. »

Ces paroles, qui les a prononcées? c'est l'Europe, en signant le pacte de la sainte alliance;
c'est la chrétienté, réunie autour des autels du
Sauveur. Cet aveu solennel d'une vérité divine
commence une nouvelle ère dans l'histoire politique. Il est donc un maître au-dessus des mo-

narques ! il est donc une puissance au-dessus des peuples ! En se prosternant devant ce pouvoir éternel, les pouvoirs de la terre se sont relevés, resplendissants de ce caractère de durée, de majesté et de sainteté dont les dernières révolutions semblaient les avoir dépouillés à jamais. La société européenne et chrétienne, en se plaçant au-dessous de Dieu, est remontée à sa véritable hauteur, et c'est en reconnaissant sa faiblesse qu'elle a retrouvé sa force. Cette force, c'est la justice universelle émanée de la divinité ; c'est à ce principe que tous les gouvernements ont juré obéissance en faisant la déclaration dont nous allons rapporter le texte même :
« Les membres de la sainte alliance déclarent
» à la face du monde entier leur inébranlable
» résolution de prendre, tant dans l'adminis-
» tration de leurs états respectifs que dans leurs
» rapports politiques avec tout autre gouver-
» nement, pour seul guide, l'esprit de notre
» sainte religion, et nommément les principes
» de justice, de charité chrétienne et de paix,
» qui, loin de n'être applicables qu'aux intérêts

» privés, doivent avoir une influence immé-
» diate sur les conseils des princes et régler,
» toutes leurs démarches, comme étant le seul
» moyen de consolider les institutions humai-
» nes et de remédier à leurs imperfections. »
C'est à la suite de ces déclarations religieuses
que tous les états se sont promis de maintenir
les légitimités existantes. Monarchies et républiques, grandes et petites puissances, églises
chrétiennes de tout rite, peuples de l'Europe,
voilà les bases de la loi que vous avez signée.

Développer le principe de la légitimité, conformément à l'esprit de la sainte alliance, tel est
l'objet de ce traité. Nous essaierons d'abord de
présenter et de fixer l'idée de la légitimité dans
son acception la plus étendue, comme le principe fondateur et conservateur de toute société ;
nous en étudierons ensuite les effets bienfaisants sur le système politique, civil et religieux
de l'ancienne Europe; nous en peindrons le
funeste renversement, signal d'une nouvelle
époque de barbarie, et nous en saluerons le ré-

tablissement comme l'aurore d'une nouvelle époque de félicité pour l'Europe et pour la France. Considérée dans cette universalité historique et philosophique, la légitimité paraîtra bien plus encore la protectrice des peuples que la gardienne des trônes, et, loin de nous inspirer des hommages serviles, elle nous révélera les principes de la véritable liberté et de la civilisation tout entière, elle nous inspirera le courage de défendre contre les tyrannies de toute espèce les droits de la patrie et les intérêts de l'humanité

CHAPITRE II.

DU PRINCIPE DE LA LÉGITIMITÉ SOCIALE OU POLITIQUE.

Rien n'a plus faussé les idées sur la société politique que la grandeur imaginaire et l'importance exagérée qu'elle s'est attribuée. Quoi ! des puissances d'un jour jetées sur un point dans l'espace, occupées d'objets passagers, prétendent se fonder immédiatement sur des vérités absolues, sur des principes éternels, sur des maximes immuables ! Mais ces vérités, ces principes, ces maximes politiques, se contredisent d'une contrée à l'autre ; un fleuve les limite, une montagne les sépare. Ce qu'une génération a consacré, une autre génération le foule aux pieds, et les siècles entraînent dans leur cours les débris de vingt empires auxquels la flatterie et l'orgueil avaient reconnu un faux caractère de perpétuité; le sceptre est transféré de la maison de Saül à la maison de David, les trônes sont livrés à des races nouvelles, les nations elles-mêmes disparaissent et s'éteignent comme ces astres que les anciens ont connus et que nos regards cherchent en vain dans les voûtes célestes. Que la politique abjure donc avant tout un orgueil aussi impie que funeste !

« Dieu seul est souverain ! » Peut-on méditer cette grande pensée sans s'élever à un point de vue où les discordances de nos vaines théories politiques disparaissent devant des vérités d'un ordre supérieur ? La philosophie religieuse nous montre l'ensemble des sociétés, des états, des gouvernements, comme naturellement et nécessairement subordonné à un ensemble bien autrement important et bien autrement durable. Quand nous étudions l'arrangement admirable de l'univers visible, quand nous contemplons ces astres dont une seule révolution embrasse la naissance et la chute de plus d'un empire, quand nous méditons sur l'ordre encore plus admirable du monde spirituel, sur ces intelligences qui, dans leur essor mystérieux, s'élèvent jusqu'au trône d'une intelligence suprême, sur ces esprits auxquels la conscience de leur immortalité révèle un Dieu protecteur de la vertu et vengeur du crime, alors nous nous arrêtons tremblants sur les bords de l'immensité, et nous disons, émus d'une sainte terreur : Voilà les œuvres de celui qui seul est souverain. Si ensuite nous reportons nos regards sur les pompeuses vanités du monde politique, sur ces institutions si savamment combinées, et pourtant si promptement corrompues ou vieillies, sur ces lois qui, dans toute leur sagesse, n'ont presque jamais arrêté l'énergie du crime ; si nous approfondissons tout ce qu'il y a de fortuit dans les succès les plus éclatants ; si nous osons nous avouer combien il y a de faiblesse dans la puissance, combien il y a d'infamie dans la gloire, nous nous écrions humiliés : Voilà les œuvres de l'homme, imparfaites, incohérentes, éphémères comme lui ! Pourquoi ce législateur éternel qui créa le soleil et le vermisseau, qui donna à l'un et à l'autre des lois uniformes, a-t-il dédaigné de créer un modèle d'état politique ? d'imprimer un mouvement régulier aux empires et aux républiques ? de fixer enfin la forme et la marche des corps politiques comme celle des corps célestes ? C'est qu'il a voulu abandonner cet ordre de choses aux essais de l'homme, du moins pour un temps et quant aux détails. Dieu a voulu la société politique, puisqu'il en a imprimé le besoin au cœur de l'homme ; mais il ne l'a pas voulue comme un but éternel : le monde politique n'est, comme les lettres, les arts, la civilisation, qu'un objet temporaire de l'activité humaine, et le plus haut degré d'importance auquel toute cette civilisation peut aspirer, c'est d'être une école passagère des vertus humaines, un essai mortel d'imiter les créations de l'Éternel, une ombre fugitive de l'immortelle cité de Dieu. Le seul but essentiel et immuable de notre être intellectuel étant son propre perfectionnement par la vertu et la foi, c'est aussi le seul but pour lequel nous avons reçu de la bonté infinie des moyens de succès complets et infaillibles. Privé de la clarté de ces vérités divines qui régissent le monde moral, le législateur le plus sage ne saurait donc créer que des constitutions imparfaites et des gouvernements périssables. Dominée par des forces incalculables, par les événements et par la volonté des hommes, aucune habileté des gouvernements ne saurait empêcher que la lutte des intérêts et des passions ne reproduise, à plus ou moins d'intervalle, ces désordres et ces calamités qui ébranlent les empires les plus solidement établis.

Que fera donc la législation politique pour produire au moins quelques instants d'ordre, de paix et de bonheur? Elle tâchera d'imiter de loin cet ordre du monde intellectuel qu'elle sait d'avance ne jamais pouvoir complètement atteindre. Convaincue de l'impossibilité de trouver dans elle-même aucune base absolue, elle essaiera de s'appuyer sur un principe emprunté ou imité d'un ordre supérieur, et qui, en se rattachant de loin à des vérités absolues, puisse donner aux institutions, aux états, aux nations, quelque chose de fixe, d'auguste et de sacré.

Un tel principe est celui de la *légitimité*, c'est-à-dire de la transmission perpétuelle et inviolable de certaines propriétés, de certains droits préexistants aux lois, et que les pouvoirs sociaux ne peuvent détruire, mais auxquels, au contraire, ils doivent se conformer.

Pour concevoir clairement ce principe, il faut avant tout le considérer comme un fait historique; il faut se demander comment la société civile a commencé, comment les propriétés sont nées, comment les droits se sont formés. Essayons de résumer dans un seul fait tous ceux que l'histoire présente.

Une réunion de familles ou d'individus a été jetée, par quelque grande révolution du globe, sur une terre agréable et fertile, mais inhabitée. Ces nouveaux maîtres d'un monde naissant y ont apporté, l'un quelques armes ou quelques instruments, l'autre des vivres abondants, un troisième sa seule industrie; il y a parmi eux des familles nombreuses, il y a des individus isolés; on y voit le père d'une race brillante s'avancer avec ce cortége de la royauté patriarcale; on y voit aussi la veuve appuyée sur l'orpheline: ces positions différentes marquent, au sein d'une simplicité commune, l'inégalité primitive de force et de puissance. La société s'établit peu à peu sur ces bases, données par le sort; la propriété, qui n'était qu'un fait, devient un droit; les inégalités naturelles deviennent des distinctions sociales; les plus forts ou les plus habiles gouvernent, la faiblesse se fait protéger, l'indigence obtient du travail. Conserver à chacun ce qu'il possède, telle est la simple expression sous laquelle se présente à cette société primitive le principe de la légitimité avant qu'il existe de lois. Quelques années plus tard, une tempête jette sur les terres de l'état naissant d'autres familles; on les reçoit avec humanité, mais peut-être ne leur accordera-t-on que des droits inférieurs à ceux de la nation primitive; peut-être leur imposera-t-on même quelques obligations plus ou moins dures, en échange de l'asile qu'on leur accorde. De là des inégalités de droit plus ou moins perpétuelles ; de là domination héréditaire d'une classe, servitude héréditaire de l'autre, et mille autres faits de cette nature qui dans la suite des temps paraîtront des résultats d'une oppression violente, mais qui n'étaient dans l'origine que les effets d'une position donnée, et que, dans une position différente, la sagesse de la législation doit adoucir ou abolir. N'est-ce pas ainsi que naquirent toutes les nations, que se formèrent toutes les propriétés, et que tous les droits s'associèrent par la seule force des événements, sans règle uniforme et sans réflexion méthodique? Ces naufrages, ces tempêtes, ces îles désertes que nous venons de peindre, offrent l'image simplifiée des premières révolutions physiques ou morales que subit notre race naissante.

Maintenant le génie législateur se présente ; les rênes de l'état lui sont confiées ; la patrie lui a remis tous ses pouvoirs. Ira-t-il renverser le trône paternel de cette famille antique qui a fondé ou consolidé l'état ? dispersera-t-il ce conseil de vieillards assemblé sous ces vieux chênes ? dira-t-il à cette multitude de laboureurs : Cessez de travailler pour un maître ? Non, certes : il respectera tous les éléments de la société créés par le laps de temps et par le cours des événements ; il cherchera seulement à les coordonner de la meilleure manière possible ; il réglera le pouvoir ; il adoucira l'obéissance ; il compensera les inégalités par les avantages divers inhérents à chaque situation sociale ; il sanctionnera tous les genres de propriété, en leur imposant des devoirs politiques en échange du redoublement de sûreté qu'il leur procure ; il constituera, en un mot, les légitimités qu'il trouve établies par la nature et la providence.

C'est ainsi que le principe de la légitimité se développe sous le double caractère d'un fait historique et d'un droit supérieur à tout autre droit social. Il est le point de départ d'où commencent toutes les lois, mais il n'est pas lui-même le produit d'une loi; il n'est pas le contrat social, mais il est l'ensemble des propriétés que la société doit protéger en concluant plus tard un contrat social ou en se soumettant à une loi fondamentale. Il n'est pas la justice universelle, mais il la représente dans la société, ou entre les sociétés qui l'ont consacré. Principe commun à toutes les formes de la société, il s'applique également à des objets très divers, à des institutions, à des personnes très différentes, selon le mode d'après lequel chaque nation se gouverne, et selon le degré de civilisation où elle s'est élevée: ici, il consacre les trônes des monarques; là, il environne d'inviolabilité les sénats et les tribuns; rétréci par

CHAPITRE II.

le paganisme, il ne règne que sur une seule nation ; agrandi par le christianisme, il appelle sous son ombre tutélaire tous les peuples de la terre. Mais, dans toutes ces applications diverses, le caractère de la légitimité n'en est pas moins le même dans tous les pays et dans tous les temps ; c'est un caractère de suprématie, d'inviolabilité et de perpétuité, inhérent à certaines lois, institutions et conventions qu'on ne pourrait changer sans blesser la justice universelle et sans remuer les vieux fondements de l'édifice social.

Cette manière de considérer la légitimité nous affranchit de beaucoup de discussions dangereuses ou stériles. Par exemple, une curiosité vulgaire recherche dans la poussière des annales les détails historiques qui peuvent illustrer ou flétrir l'origine d'une dynastie, d'une caste, d'une nation. Eh qu'importe dans notre système quelle ait été l'origine obscure ou brillante des pouvoirs sociaux, pourvu que le temps les ait consolidés ! Voyez ce fleuve majestueux, il naît de quelques ruisseaux sans nom, au sein d'arides déserts, ou au milieu des marais incultes; peu de regards ont vu surgir ses eaux, et souvent l'univers ignore le berceau de son bienfaiteur; cependant il s'avance de cataracte en cataracte, il s'épure dans sa course, un cortége de rivières l'accompagne, les moissons couronnent ses rivages, les cités se reflètent dans ses ondes, il porte les navires chargés des richesses des deux hémisphères, et ce n'est qu'après avoir nourri des empires florissants qu'il expire au sein de l'Océan. Telle la légitimité, source des existences sociales, traverse les champs de l'histoire.

Une objection plus grave a été élevée : on a nié l'existence d'un principe quelconque de légitimité. « A quoi sert-il, disent les matéria-
» listes de la politique, de revêtir ainsi d'un
» caractère de justice et de sainteté ces droits
» primitifs que la force seule a créés ? La force
» reste toujours maîtresse de la société; elle

» règne seule sur ce monde matériel ; les plus
» forts ont fait la loi, et les plus forts peuvent la
» défaire; la volonté d'un maître ou celle de la
» majorité peut toujours changer tous ces élé-
» ments d'ordre et de stabilité que vous voulez
» en vain rendre éternels. Abjurez donc vos
» douces illusions, reconnaissez l'austère réa-
» lité; il faut dans toute société une force phy-
» sique prédominante. Parmi les peuples es-
» claves c'est un maître; il commande à cent
» mille satellites: voilà toute sa légitimité. Chez
» les nations libres, éclairées et belliqueuses,
» c'est la nation elle-même qui est la force
» dominante; elle crée et révoque à son gré
» un gouvernement émané d'elle, représentant
» sa volonté, occupé à satisfaire aux besoins
» du siècle, et modifiant sans cesse les lois
» d'après la civilisation. Choisissez entre ces
» deux forces: adorez un maître si vous en avez
» besoin; soyez une nation si vous le pou-
» vez. Ce qui est fort, est légitime dans son
» temps: vous voudriez en vain le rendre per-
» pétuel. Marchez avec le temps, ou le temps

» vous foulera sous son char, que rien n'arrête.
» Ne voyez-vous pas toutes choses s'altérer, se
» rajeunir, renaître sous d'autres formes? Su-
» bissez la loi du monde; résister, c'est périr. »
C'est sur cette théorie de la force, véritable
athéisme politique, que se fonde et la souveraineté du peuple et le pouvoir despotique.

Il nous est plus aisé qu'on ne pense de la
repousser, à nous qui ne prétendons pas y
opposer un droit absolu. Nous cédons pour
vaincre: la force a précédé le droit, nous l'a-
vouons; l'occupation a créé la propriété, qui
le nie? mais le sentiment inné de la justice,
de l'équité, de l'humanité, a porté les sociétés
naissantes à adoucir les inégalités, nées du
hasard, à concilier les grandeurs et les misères
humaines, à réunir les intérêts opposés ou variables dans des intérêts sociaux et permanents.
Ce long ouvrage du temps et de la raison est
bien une réalité; ce respect pour les légitimités consacrées est bien un fait; cette douce
et entraînante autorité de l'habitude est bien

une force. Nous ne bâtissons donc pas dans les nuages, nous bâtissons sur le sol historique, sur le sol de l'expérience. C'est précisément pour cela que nous n'oublierons pas cette triste vérité qu'on nous oppose; nous nous rappellerons que la force matérielle a tout commencé, et peut, si elle n'est pas comprimée, tout détruire; nous n'exposerons pas la légitimité sociale sous la seule sauvegarde des idées morales et des sentiments élevés, nous l'environnerons d'un ensemble d'institutions tellement combinées, tellement balancées, que les forces divisées et disséminées ne puissent que par une calamité extraordinaire se réunir dans une explosion générale. D'ailleurs de quoi se compose cette force de la majorité dans une société organisée? D'intérêts? on les ménage; de passions? on les dirige vers un but salutaire. Cette force immense, mais éphémère, ne demande pas à gouverner. Ce n'est pas ce géant de la fable que les dieux purent à peine accabler sous le poids de la Sicile entière; le géant du pouvoir populaire, qui soutient ou qui ébranle la société politique, ne désire au fond qu'à obéir à un pouvoir légitime et équitable ; les fers se brisent sous ses doigts, un lien de fleurs l'enchaîne.

Ce n'est pas une abstraction que la légitimité, c'est un fait, nous le répétons, un fait qui absorbe toutes les abstractions. Ce n'est pas une théorie particulière que nous proposons, c'est la pensée du genre humain que nous avons essayé de raconter ; pensée unanime de tous les peuples qui se civilisent, pensée qui, à travers l'orage des révolutions et les ombres de la tyrannie, tantôt radieuse et tantôt obscurcie, s'est toujours rallumée et ne s'éteindra jamais.

Non, aucun fait n'est plus prononcé dans l'histoire que cette tendance des peuples à reconnaître une légitimité quelconque, un point fixe devant lequel le temps s'arrête immobile, une barrière devant laquelle les volontés humaines s'abaissent impuissantes.

Pour consacrer l'éternelle majesté de ce principe fondamental, les peuples ont même cherché une garantie élevée au-dessus de la fragilité humaine et de l'inconstance des choses terrestres : c'est au trône même de Dieu qu'ils ont voulu attacher le premier anneau de l'ordre social ; c'est sous la garantie des foudres célestes qu'ils ont placé l'arche sociale. Sparte menaçait de la malédiction divine celui qui changerait les lois de Lycurgue. Les pouvoirs politiques, dans la république romaine, étaient, non seulement inviolables, mais sacrés (*sacro-sancta potestas*). En tonnant contre Catilina, le consul romain invoquait les dieux protecteurs de la république ; et Athènes païenne mettait le siége de ses archontes sous l'égide de Minerve, comme la France chrétienne met le trône de ses rois sous la protection de saint Louis. Il y a un sens profond dans ce vœu unanime des nations. Quoique la forme de chaque gouvernement soit purement de droit politique, le suprême pouvoir *légitime* a en lui-même un caractère religieux et divin. La providence en a établi le principe dans le cœur de l'homme et dans la nature des choses; elle a donc voulu que ce pouvoir, une fois institué, ne pût être ni changé ni renversé sans les commotions les plus désastreuses; elle a voulu que le respect libre et raisonné de ce pouvoir fût un caractère des peuples vertueux, et une garantie de la prospérité des empires. La légitimité est donc une émanation indirecte de la pensée divine : la tendance de tous les peuples à la consacrer est une noble tentative de reproduire dans la société politique l'ordre éternel du monde moral et intellectuel, cette image réfléchie de la perfection divine.

Quels ont été les résultats de cette tentative? quels avantages les nations doivent-elles au principe de la légitimité?

C'est à l'histoire de l'Europe chrétienne à nous répondre : non pas que d'autres nations n'aient aussi ressenti l'heureuse influence de ce principe, mais leurs annales n'en présentent pas des applications assez générales ni assez lumineuses. Aux siècles de la grandeur grecque et romaine, la civilisation était concentrée dans quelques républiques, ou du moins c'est d'elles seules que l'histoire s'est occupée; l'idée de la légitimité n'y paraît donc guère que sous la forme des institutions républicaines; la monarchie est repoussée dans l'ombre de la barbarie. De plus, les croyances religieuses, imparfaites et comme étouffées sous le vain appareil des fables, n'avaient pas encore élevé l'homme au sentiment complet de l'humanité; les devoirs et les vertus finissaient avec le territoire de la cité; un affreux esclavage était la base des classifications sociales, et le bruit des chaînes retentissait tout près de la tribune des Démosthènes: c'est le christianisme seul qui, en divulguant parmi les simples enfants ce qui était le secret des sages de la Grèce, a répandu depuis le trône jusqu'à la chaumière ces grandes idées d'une morale élevée au-dessus de la terre, au-dessus des siècles; c'est la morale chrétienne qui, en nous ouvrant le vrai monde intellectuel, a aussi tracé le vrai chemin des perfectionnements pour le monde politique : ce n'est donc que chez les peuples animés de l'esprit du christianisme que le principe de la légitimité a pu se développer dans toute sa pureté et dans toute sa force.

CHAPITRE III.

LÉGITIMITÉ DE LA SOCIÉTÉ RELIGIEUSE.

Le principe de la légitimité, tel que nous venons de le définir, respirait dans tous les célèbres traités diplomatiques, dans toutes les constitutions écrites ou non écrites de l'ancienne Europe. La manière dont il était appliqué aux choses politiques était modifiée par les antécédents historiques de chaque nation : ici, le régime municipal avait remplacé la féodalité ; là, c'était la féodalité qui avait conservé son ascendant ; plus loin, le trône s'était élevé au-dessus de tout pouvoir rival ; mais partout il y avait des choses légitimes auxquelles ni la nation ni le gouvernement n'osaient toucher.

La première idée de véritable légitimité sortit du sein de l'Église chrétienne; ce furent les pontifes souverains qui les premiers firent entendre aux nations du moyen âge des paroles de paix, de justice et de fraternité; bientôt la religion chrétienne, devenue celle de l'Europe entière, enlaça d'un lien commun ces royaumes ennemis, ces villes rivales, ces nations turbulentes; elle soumit la fierté des chevaliers et éleva les sentiments du cultivateur; les rois eux-mêmes inclinèrent leur sceptre devant les clefs de saint Pierre. La république chrétienne, ou l'universalité de tous les états chrétiens, fut dès lors considérée comme une puissance suprême, inviolable et perpétuelle, comme la protectrice de tous les droits, comme le pouvoir légitime de l'Europe. Que la cour de Rome ait abusé de cette idée, pour substituer sa puissance à celle de la communauté chrétienne, c'est ce que l'humanité aura long-temps à regretter : mais l'idée de soumettre les intérêts et les passions de l'Europe entière à une seule loi n'en fut pas moins juste ni moins généreuse ; elle a été la source des plus grands biens. Ce droit des gens, qui tempère entre les nations européennes les rigueurs de la guerre, et qui leur assure les fruits de la paix, nous le devons tout entier au principe de l'union religieuse, première légitimité que l'Europe vit succéder aux désordres de la barbarie et au règne de la force.

Que de conquêtes bienfaisantes annoncèrent à l'Europe la puissance de la grande société chrétienne ! Des peuples belliqueux, mais féroces, sont affranchis du joug des lois inhumaines et des superstitions sanguinaires, pour devenir les ornements de l'Europe civilisée ! L'enfer ne rugit plus dans l'antre du druide ; Odin demande en vain du sang, et les forêts de Hertha ne retentissent plus des gémissements des victimes humaines. La guerre et la piraterie ne remplissent plus la vie entière, et le nom du Dieu de paix assure au moins une trêve aux angoisses des mères et aux soupirs des épouses. Combien de fois les glaives ensanglantés ne se sont-ils pas abaissés devant la croix, élevée par la faible main d'un successeur des apôtres ! Rappelons-nous ces deux rois des Francs que le pape Nicolas sépara presque sur le champ de bataille. « Redoutez, s'écria le » pontife, redoutez l'effusion du sang humain ; » il a trop de prix pour être versé dans vos » querelles ambitieuses. Rois, les vrais enne-» mis que vous devez combattre, c'est l'orgueil, » c'est la haine dans vos propres cœurs ; domp-» tez ces passions rebelles à l'ordre céleste, et » qui vous entraînent à usurper les biens et » les droits des autres peuples. Princes chré-» tiens, que chacun de vous vive content de ce » que le sort lui a départi ; qu'il jouisse de son » héritage, et qu'il y fasse régner la justice, la » charité et la paix. Quiconque agit autrement » ne fait pas la volonté de notre Père qui est » dans les cieux. » Ce ne fut pas seulement dans ces grandes crises que le pouvoir de la

chrétienté se légitima par ses bienfaits. Les soins continuels des conciles et de l'épiscopat abolirent successivement les usages de la barbarie; l'homme ne fut plus vendu comme une bête de somme, le serf eut du repos, l'indigent un asile, et, jusque dans l'horreur des supplices, l'humanité reçut des consolations. Le plus grand service rendu par l'Église fut de régler l'autorité des rois et les droits des sujets. Tous les pactes entre les rois et les peuples, dictés par le clergé, proclament les vrais principes de la liberté sociale. « Aimez Dieu, ai-
» mez l'Église; ne faites tort à aucun individu,
» ni dans sa personne, ni dans ses propriétés ;
» contenez le fort et protégez le faible; ne vio-
» lez jamais les lois, et ne souffrez pas qu'on
» les viole; repoussez le mensonge et honorez
» la vérité : » voilà les serments que l'Église reçut des monarques.

La sainteté de ces serments n'était pas méconnue par les pieux monarques d'un âge religieux. Humbles enfants de l'Église chrétienne, ils comprenaient aisément qu'il ne peut exister aucun pouvoir illimité, ni dans les mains des rois, ni dans celles des peuples; que nul mortel n'a le droit de tout vouloir, comme nul mortel n'a le privilége de tout pouvoir; que toute volonté, toute autorité humaine est de droit soumise aux lois éternelles de la justice et de l'équité. Saint Louis avait consacré ce grand principe, en donnant à son fils et successeur ces instructions si sublimes :

« Maintiens, mon fils, les franchises et li-
» bertés telles que les anciens ont gardées, et
» les tiens en faveur et amour. Tu garderas les
» bonnes lois et très saintes coutumes de ce
» royaume.... Entretiens et rends inviolables
» à tes sujets leurs priviléges, coutumes et im-
» munités, étant plus raisonnable que celui qui
» veut être obéi sache jusqu'où se peut et doit
» s'étendre son commandement, et les sceptres
» nous étant mis en main pour la manuten-
» tion des lois.... Ne pense pas, mon fils, que

» les Français soient les esclaves des rois, ains
» plutôt des lois du royaume. »

Grand roi, législateur et protecteur immortel de ta patrie, nul cœur n'avait mieux que le tien compris que les princes et les peuples de l'Europe chrétienne doivent se considérer comme membres d'une confédération sainte et éternelle. Cette pensée éleva ton âme au-dessus de ton siècle ; elle te livra les cœurs des rois et des nations ; elle fit respecter tes jugements par l'anarchie féodale et par l'orgueil des empereurs : si elle disparut au milieu des dissensions du pouvoir temporel et spirituel, elle ne s'est pas éteinte. Tes vœux, saint Louis, ont enflammé deux âmes dignes de suivre tes traces ; et si la gloire de les réaliser fut encore ravie à Henri IV, au moins notre âge a vu ton second imitateur réunir, au bas d'un pacte qui reproduit tes principes, les adhésions de tous les gouvernements. Ainsi la semence du ciel germe après des milliers d'années : puisse-t-elle couvrir la terre d'une moisson immortelle !

La chrétienté, considérée comme la suprême puissance légitime de l'Europe, ne parvint jamais à s'organiser. Il resta néanmoins de tant de nobles efforts le grand principe que la société religieuse est, comme telle, indépendante du pouvoir temporel. C'est un des éléments de l'ordre légitime de l'ancienne Europe.

L'obligation des gouvernements de maintenir intacts les droits et prérogatives de la religion était, dans toute l'Europe, reconnue tellement inviolable, que même les rois les plus absolus y souscrivaient comme à une condition de leur droit de succession. Le premier serment des rois de France, et de la plupart des monarques, garantissait les droits de la société religieuse nationale, autrement dite l'Église dominante. Depuis que l'Église chrétienne s'est dissoute en plusieurs communions, des traités solennels donnaient aux religions de la minorité des droits non moins légitimes. La parité des trois religions était une loi fondamentale, immuable de l'empire germanique, et l'Angleterre gémit de ne pas avoir plus tôt reconnu envers les catholiques de l'Irlande ces mêmes principes de fraternité. Mais que toutes ces conventions modernes sont loin de remplacer dans tous ses effets salutaires l'antique unité! Le cœur fraternel n'y est plus. Une froide défiance sépare toujours les gouvernements et les nations, qui s'accusent réciproquement d'erreurs religieuses.

La providence saura sans doute dégager sa promesse; les temps arriveront où il n'y aura plus qu'un pasteur et un troupeau. Mais jusqu'à présent les efforts pour rétablir l'unité religieuse n'ont pas été marqués du sceau de l'approbation divine : l'esprit de l'humble charité n'y a pas présidé; l'orgueil et la vanité ont même semé de nouvelles tempêtes; et pendant que les siècles ont vu continuer la scission intérieure de la chrétienté, l'ennemi commun de toutes les croyances, l'athéisme, a rallié et renforcé ses phalanges menaçantes. Le néant est écrit sur leurs drapeaux, le blasphème distille de leurs lèvres, et, partout où passe leur souffle destructeur, les ressorts de la vertu cessent d'agir sur les cœurs flétris et desséchés. A côté de l'athéisme marchent ses inséparables alliées : l'indifférence, qui, en couvrant de roses la route de l'abîme, se plaît dans les jouissances d'une civilisation toute matérielle, et dédaigne les garanties morales de la société; l'hypocrisie, qui, outrageant encore plus cruellement la foi et la vertu, ose en étaler une imitation mercenaire, et qui remplace le zèle de la charité par les fureurs calculées de l'intolérance. Au milieu de tant d'ennemis, comment les adorateurs du Christ peuvent-ils rester désunis? Ils n'entendent donc pas cette voix divine qui leur crie : Laissez là vos offrandes, et allez vous réconcilier avec vos frères! Ils aiguisent leurs langues les unes contre les autres, comme des épées tranchantes, et l'ennemi est au sein de leurs remparts! Le lion des enfers rugit au milieu d'eux! Ah! du moins, en laissant à une autre génération l'espoir de rapprocher les opinions, essayons de concilier d'abord les sentiments et les intérêts par une pacification générale entre toutes les communions chrétiennes, pacification qui, sans toucher à ce qui regarde la foi, règlerait les rapports extérieurs, et, en écartant les sujets de discorde, ferait naître un accord commun contre les ennemis communs ! Certes, la sainte alliance en a donné l'auguste exemple. Des monarques de communion différente ont invoqué conjointement « notre sainte » religion. » Mais cette grande alliance pourrait-elle atteindre son but avant l'époque où, bannissant l'injurieuse polémique, tous les adorateurs du Christ formeront une fédération fraternelle, unie pour défendre tout ce qui doit leur être également cher, tout ce trésor de vérités sublimes et de dogmes consolateurs dont ils réclament tous le céleste héritage?

CHAPITRE IV.

LÉGITIMITÉ DES NATIONS ET DES INSTITUTIONS.

—

Après la societé religieuse, le plus saint et le plus doux lien des peuples est la communauté de patrie, d'origine, de langue et de mœurs. Une nation existe par légitimité naturelle, par la puissance des siècles, par les décrets de la providence. Ces grandes agrégations d'hommes ne peuvent être ni dissoutes ni démembrées sans les conséquences les plus désastreuses. Quelle plus solide base pour les gouvernements, pour les dynasties, que cet amour du sol natal et cet attachement mutuel des hommes de même sang ! Quelle plus forte garantie contre la monarchie universelle que cet esprit national avec ses aimables illusions et avec ses exagérations si dignes d'excuse! Comme l'essor de la civilisation languirait, comme les plus nobles jouissances de l'esprit humain se rétréciraient, sans cette émulation qui naît de la diversité et de l'indépendance des nations ! Détruire l'existence nationale d'un peuple est un crime envers la saine politique, envers l'humanité, envers Dieu.

Cette vérité avait été sentie dans l'ancienne Europe. L'indépendance nationale et l'intégrité du territoire, qui en est une conséquence, étaient plus ou moins formellement reconnues par le droit des gens et par le droit public. Que de preuves ne pourrions-nous pas accumuler ! Les anciens publicistes français regardent le royaume comme indivisible. Les rois de Danemarck, quoique absolus, n'avaient pas la faculté constitutionnelle de céder valablement aucune province. Iwan Ier établit, par une loi selennellement rendue au sein de la diète, l'indivisibilité de l'empire russe. Partout la légitimité nationale ou la transmission de la propriété territoriale de génération en génération était reconnue en principe, et plus ou moins bien garantie par les lois fondamentales. Depuis la grande migration des peuples jusqu'au partage de la Pologne, on ne trouve que bien peu d'exemples d'une séparation violente des parties de la même nation. Les grands feudataires, en France et en Allemagne, acquéraient, par succession ou par conquête, des provinces entières ; mais ces provinces restaient fiefs de la couronne, et conservaient l'usage des lois et coutumes nationales. Les duchés de Normandie et de Bourgogne, de Bavière et de Saxe, faisaient toujours partie de la France et de l'Allemagne.

Un démembrement véritable ne s'opérait que par la lente influence des siècles ; les hommes d'état d'autrefois ne concevaient pas la facilité de couper en deux par une ligne géographique ce que la communauté d'idiome, des lois, des priviléges et du culte avait uni ensemble par les liens les plus légitimes. On ne conquérait et on ne cédait, la plupart du temps, que des provinces frontières sur lesquelles il existait des prétentions réciproques. La cession même, lorsqu'elle se faisait sans le consentement des états provinciaux, était toujours accompagnée des réserves en faveur des libertés civiles, politiques et religieuses de la partie démembrée.

Ces sages, ces nobles principes ne reçurent un démenti solennel que par le partage de la Pologne. Cet acte, aussi injuste qu'impolitique, fut un des premiers triomphes éclatants de l'esprit révolutionnaire, de l'athéisme politique. En violant ainsi le droit des nations et la foi publique, des monarques, affublés du titre de philosophes, apprirent aux peuples que la légitimité n'était plus qu'un vain nom, et que désormais la force seule gouvernerait l'Europe. Comment les gouvernements pouvaient-ils, sans rougir, prononcer les noms de justice et d'honneur, après avoir, par une ambition vulgaire, partagé cette Pologne qui, seulement cent ans auparavant, avait sauvé la chrétienté, en faisant pâlir l'astre de Mahomet sous les murs de Vienne délivrée? Quoi! c'est pour joindre quelques provinces à vos immenses états que vous violez les principes de la légitimité, soutien de vos propres empires! A quoi vous sert-il d'ajouter conquête à conquête? Quand vous serez seuls sur la terre, vous ne serez encore que de la poussière devant l'Éternel. C'est l'ange de sa colère qui vous avait offert la coupe de l'ivresse; vous avez accepté ce funeste présent, et la punition a promptement atteint le crime. La même génération qui avait vu la Pologne partagée a vu ses ravisseurs courbés aux pieds d'un soldat corse. Mais, en admirant ce jugement de l'Éternel, rendons aussi justice à la loyauté, à la piété des princes qui, au congrès de Vienne, en rétablissant le nom, le trône et les lois nationales de la Pologne, ont expié, autant qu'il leur a été possible, cette grande injustice!

Après l'existence en corps de nation viennent les libertés nationales, déterminées par la constitution intérieure de chaque pays. La patrie ne consiste pas seulement dans ce sol qui nous a vu naître, ces arbres qui ont ombragé notre berceau, ce gazon qui doit recouvrir nos ossements; elle consiste aussi dans les lois et les institutions qui assurent les droits naturels de l'homme et les droits acquis du citoyen. Elles variaient à l'infini dans l'ancienne Europe, et souvent sans doute ces libertés étaient moins le *palladium* de la nation que celui de chaque ordre, de chaque corporation, de chaque commune. Nées sans règle, elles présentaient un mélange de priviléges féodaux et municipaux, sur lesquels les progrès des lumières religieuses et civiles avaient enté quelques maximes d'équité, de tolérance et de justice générale; mais, quelque faiblement combinées que fussent ces libertés nationales dans l'ancienne Europe, elles ont fait naître cette même civilisation qui semble aujourd'hui les dédaigner ou même les accuser. C'est du sein des châteaux qu'une agriculture plus éclairée est descendue dans les villages; c'est autour des monastères que se sont groupés les premiers établissements d'industrie ; ce sont des corporations dont le courage et l'habileté ont ouvert tous les chemins du commerce et élevé tant de cités encore florissantes. Les légitimités aristocratiques et municipales vivent encore dans leurs bienfaits, après que leurs formes vieillies sont devenues un objet de railleries ingrates. Tel un chêne mutilé par les ans, mais encore plein d'une sève vigoureuse, gémit sous les coups que lui porte la hache impie dans la main de ceux mêmes dont les aïeux avaient trouvé sous son ombre un abri contre l'orage. Toutes les institutions humaines ne sont-elles pas sujettes au même sort ? Ce que nous voulons faire reconnaître, c'est que les anciennes institutions politiques de l'Europe n'auraient pas dans leur temps si puissamment servi la civilisation, si elles n'avaient pas eu pour alliés le temps et la stabilité, si elles n'avaient pas porté l'auguste caractère de la légitimité. C'était l'héritage des divers ordres d'état ; les corporations possédaient leurs chaires curules comme les monarques possédaient leurs trônes. Ce principe de l'inviolabilité des institutions était énoncé avec la plus énergique clarté par les Aragonais, qui, en prêtant foi et hommage à leur roi, lui di-« saient: Nous qui sommes autant que vous, » nous vous faisons notre roi pour défendre nos » droits et priviléges ; sinon, non ! » Le serment que les monarques de France et d'Angleterre prêtaient à leur sacre exprime le même principe en termes plus pacifiques et non moins obligatoires.

C'était donc une erreur funeste de la royauté qui, dans les deux derniers siècles, méconnut les légitimités des ordres d'état. Déplorons cette politique de ministres et de courtisans, qui, à force de saper et de renverser tout ce qui résiste au pouvoir royal, sape et renverse aussi tout ce qui l'appuie; déplorons l'illusion de ces rois philosophes qui, devenus usurpateurs par amour de l'humanité, travaillaient à détruire les priviléges des ordres héréditaires, des églises, des monastères, des corporations municipales. L'esprit novateur y applaudissait; mais à présent quel homme sensé nierait que ce despotisme libéral a frayé les routes à la révolution ? Une politique plus prévoyante eût dit aux monarques : « Ces ordres privilégiés vous gênent dans vos plans pour le bien général; ces corporations rompent l'uniformité de l'administration : soit; mais les titres sur lesquels reposent leurs prérogatives sont aussi authentiques et aussi sacrés que ceux qui assurent les droits de votre couronne : modérez donc cette noble ardeur des réformes qui vous entraîne; ni les besoins réels de votre siècle, ni les vœux de vos peuples, ni les intentions les plus pures, ni les vues les plus bienfaisantes, ne sauraient excuser le mal que vous faites en ébranlant le principe de tous les droits légitimes.... Rois, vous dépréciez les inégalités politiques; pensez-vous donc que le niveau des théories nouvelles épargnera vos trônes?... Princes chrétiens, vous dépouillez l'Église; craignez que ce peu d'or enlevé aux temples n'attire la foudre sur vos palais... Vous tous, réformateurs impatients, suspendez vos coups : écoutez avant de frapper. Cette vieille Europe, que vous voulez réformer, ressemble à une de ces forêts dont les siècles ont vu germer les jeunes boutons, et tomber en poussière les vieux troncs; portez-y la serpe qui corrige, et non pas la hache qui tue. »

Les gouvernements et les peuples savent aujourd'hui ce que les innovations coûtent.

Où s'élèvent les trônes les plus solides et les plus respectés? quels sont à présent les peuples les plus libres, les plus exempts de préjugés, les plus avancés en civilisation? Ce sont précisément ceux qui ont le plus religieusement conservé leurs vieilles institutions. Peut-on ne pas penser ici à l'Angleterre, cet objet de tant d'envie et de tant de déraisonnements? Cette grande puissance, qu'est-elle autre chose qu'une vieille fédération de divers ordres politiques, de divers corps ayant chacun leurs intérêts communs, fixes et positifs, leurs droits constitutionnels, leurs priviléges, franchises et immunités? Les corporations politiques de l'Angleterre ne sont pas des créations nouvelles, qui n'ont point de passé ni aucune garantie de l'avenir. La pairie d'Angleterre est la véritable aristocratie territoriale; les grandes maisons anglaises ont même conservé une partie du cérémonial et des titres réservés ailleurs aux maisons souveraines : leurs chefs sont pairs, comme le roi est roi; ils héritent d'un peuple de clients et de fermiers. La pairie d'Écosse et d'Irlande, privée en partie de ces avantages, est du moins une aristocratie élective. Le clergé anglican, avec les universités, était originairement l'aristocratie des talents; aujourd'hui encore, grâce à ses quarante évêchés-pairies, il offre un contre-poids contre la puissance territoriale. Les autres églises, non dotées par l'état, forment à leur tour des corporations puissantes, et qui doivent naturellement chercher dans les mœurs et dans les talents une source de considération. La bourgeoisie de la cité de Londres, cette redoutable aristocratie des capitalistes, les autres confédérations tacites de tous les négociants, de tous les manufacturiers intéressés dans un même genre d'industrie, la *yeomanry*, ou la réunion de petits propriétaires fonciers, tout en Angleterre nous présente l'application de cet éternel principe: « Les hommes n'ont de force, d'indépendance, de probité, de vertu politique, qu'en s'associant selon leurs intérêts divers et leur manière de vivre habituelle, et ces associations n'ont aucune existence véritable tant que, soumises à des lois éphémères, elles ne possèdent pas le caractère indépendant et inviolable de la légitimité. » Ce n'est que lorsqu'un principe, unanimement reconnu, a donné à ces associations le caractère de la perpétuité, que ces divers corps politiques, cessant d'être ennemis, se soutiennent et se contiennent réciproquement: en veillant à leurs intérêts respectifs, ils veillent à l'intérêt général; en conciliant, par des concessions mutuelles, leur esprit de corps, ils se réunissent dans un esprit public qui, les dominant naturellement tous, les fait tous sans effort coopérer au même but. De là cette grandeur des citoyens individuels, soutenus par l'esprit de corps; de là cette grandeur de l'état, soutenue par les efforts réunis de tous les citoyens; de là cette force étonnante, cette puissance immense du gouvernement anglais, qui ne peut rien contre la volonté nationale, mais qui peut tout avec elle.

Ainsi cette fameuse liberté anglaise est fondée sur ces vieilles légitimités qu'on nomme *gothiques* et *féodales*.

Ce sont ces *restes surannés*, comme notre siècle les appelle, qui sont les pierres angulaires de la constitution britannique.

Et remarquez pourtant que cette Angleterre, si sage dans son système conservateur, a deux fois porté la main sur la légitimité royale; elle a fait tomber la tête d'un de ses rois; elle a bouleversé le mode de succession au trône. Mais telle est la force vitale du principe de la légitimité, que, blessé même au cœur, il renaît encore dans ses tiges, et lorsque son tronc succombe sous les coups de la tempête, il en surgit un nouveau rejeton, brillant de vigueur et de jeunesse.

L'esprit de corps est fondé sur l'esprit de propriété; il chérit ses droits, mais il respecte, par réciprocité, les droits d'autrui. Lorsque, entraîné dans la guerre civile, il a violé une possession légitime, il sent promptement ses torts, et se hâte de les réparer par un effort volontaire : voilà pourquoi le régicide anglais a été promptement et noblement expié par une restauration, due à la nation elle-même, sans aucun secours étranger. Le régicide français n'a pu être réparé par une nation dissoute en individus, sans énergie concentrée, ayant perdu au milieu des abstractions frivoles le véritable sentiment de ses droits politiques, qui n'est autre que celui de l'inviolabilité des propriétés légitimes. Il a fallu que le sol français s'humiliât deux fois sous les pas de vingt peuples armés. Doute-t-on qu'une seule cité, une seule province, librement et fortement organisée, n'eût pas suffi pour arrêter les aventuriers de l'île d'Elbe? Avec des pouvoirs locaux il y aurait eu trente Vendées pour une, et l'honneur français n'eût pas eu à déplorer une intervention étrangère.

Le despotisme a pour asile des châteaux-forts. Les citadelles de la monarchie légitime sont les corporations de citoyens fidèles et dévoués.

CHAPITRE V.

DE LA DÉMOCRATIE DANS L'ANCIENNE EUROPE.

La sagesse des siècles passés reconnaissait également tous les pouvoirs légitimes, quelle qu'en fût la forme. De là ce mélange heureux d'états monarchiques et républicains qui présentait à chaque classe d'esprits une carrière conforme à ses goûts, et qui, par conséquent, neutralisait les éléments des orages politiques.

La démocratie de l'ancienne Europe était en harmonie avec le principe de légitimité. Les républiques n'étaient fondées ni sur l'égalité morale des hommes, fait étranger au droit politique, ni sur l'égalité absurde de toutes les classes de citoyens; nulle part les anciens droits acquis n'étaient plus consciencieusement respectés que dans les républiques. Aussi, c'est de leur sein que sont sortis les plus habiles défenseurs du droit social; un Grotius, pour ne pas nommer d'autres.

Cet esprit municipal ou communal, principe de la bonne démocratie, a puissamment influé sur le sort de l'Europe. Les villes de l'Italie, de l'Allemagne, de la Hollande, depuis le douzième siècle jusqu'au seizième, furent les asiles de la liberté, les foyers de la civilisation, les berceaux des arts, l'honneur et la consolation du monde. Que de grandes actions, que de sacrifices héroïques, que de caractères élevés, illustrent les annales de ces villes! Que de sagesse dans leurs confédérations! que de hardiesse dans leurs entreprises! que de savantes combinaisons dans le balancement intérieur de leurs constitutions municipales, dans leurs systèmes d'élection, dans leurs modes de délibération! Que de monuments attestent la puissance de ces petites associations! Quel roi creusera autant de canaux ou construira autant de digues que les bourgeois de la Hollande! Quelle capitale bâtira aujourd'hui une pyramide aérienne comme celle dont s'enorgueillit Strasbourg? Depuis que les mortels élèvent des tombeaux, vit-on jamais quelque chose de plus touchant, de plus patriotique et de plus religieux que le *Campo-Santo*, ce muséum funèbre où la cité de Pise honorait les cendres de ses grands hommes! Les idées politiques les plus généreuses et les plus profondes ont pris naissance dans les cités du moyen âge.

La France s'enorgueillit aussi de ses communes. C'étaient autant de petites républiques, soumises à la suzeraineté de la couronne. Les bourgeois choisissaient eux-mêmes leurs administrateurs, leurs juges; ils conféraient le droit de bourgeoisie à ceux qui venaient s'établir dans la ville; ils recevaient le serment de fidélité que chaque habitant prêtait à la commune; ils se formaient en compagnie de milice, élevaient des ouvrages de fortification, gardaient leurs villes, et, en vertu de leurs chartes, poursuivaient au besoin, par la voie des armes, la réparation des injures et des torts qu'on pouvait leur faire. Que ceux qui regardent l'esprit de liberté comme nouveau en France lisent les mandements des prevôts des marchands, les procès-verbaux des assemblées de ville, ou seulement les cahiers de ce village de Blaigny qui, aux états-généraux de 1576, demanda les garanties les mieux imaginées contre les abus du pouvoir!

Ce qui prouve combien les libertés communales et provinciales se rattachaient intimement à l'ordre social, c'est la rage avec laquelle nos prétendus régénérateurs les ont abolies. La révolution française et l'empereur Joseph étaient animés de la même haine contre les institutions locales indépendantes. Le despotephilosophe mourut de regret de n'avoir pu renverser sous le niveau de l'égalité les libertés et priviléges des Pays-Bas et de la Hongrie. L'assemblée constituante ne cessa de violer les droits acquis des villes et provinces, aussi bien que ceux des ordres d'état. La Franche-Comté, le Dauphiné, le Languedoc, la Bretagne, le Cambresis, les villes de Marseille, de Toulouse, de Strasbourg et de Lille furent dépouillées des constitutions particulières, aussi saintement garanties que la couronne elle-même, et parmi lesquelles il y en avait d'excellentes. Quand les états du Cambresis invoquèrent contre les décrets spoliateurs de l'assemblée constituante le traité de Nimègue, les législateurs révolutionnaires éclatèrent de rire. « Un traité! Qu'est-ce qu'un traité? » Le principe ennemi de toute légitimité, soit royale, soit nationale, respirait dans ces destructions arbitraires; c'est en périssant ensemble que la monarchie et la démocratie légitime apprirent à mieux apprécier l'indissoluble lien de toutes les légitimités.

CHAPITRE VI.

OBJECTION. LUTTE ENTRE LES INSTITUTIONS LÉGITIMES.

« Toutes ces institutions *légitimes*, nous dit un partisan des administrations centrales, tous ces parlements, ces corporations, ces ordres d'état, ces communes, n'étaient que des éléments de discorde. En temps ordinaire, elles entravaient l'action du pouvoir suprême; dans les temps de crise, elles amenaient la guerre civile. »

Répondons. Lorsque la suprême légitimité des monarques ou de l'assemblée souveraine savait dominer les corps politiques inférieurs, c'était à une salutaire émulation pour faire le bien qu'aboutissait leur ambition ; lorsque le suprême pouvoir devenait injuste, les résistances honorables des corps de l'état, en garantissant les libertés individuelles, écartaient de l'esprit public jusqu'à l'idée des révolutions populaires. On ne fait pas d'appel à l'émeute, tant qu'on peut en faire à une puissance légalement protectrice. En temps de crise, d'invasion ennemie, d'oppression intérieure, ces institutions, de rivales qu'elles étaient, devenues alliées, s'unissaient pour la défense commune ; l'honneur de l'ordre et l'esprit de corps doublaient toutes les énergies personnelles ; tous ces foyers isolés de patriotisme local que le système des corporations entretenait, se confondaient en un seul et immense feu, dont l'ennemi se voyait environné de toutes parts, et qui renaissait sous chacun de ses pas.

De là ces longues défenses, ces guerres persévérantes, ces nations qui refusent tout arrangement honteux, tous ces beaux traits d'héroïsme qui ornent l'histoire de l'Europe longtemps avant notre siècle.

Considérez de l'autre côté les défaites soudaines et ignominieuses des nations chez qui une fausse politique a détruit ou affaibli les institutions. Une bataille fait crouler un empire; la disparition d'un homme fait déchoir une nation, et au premier souffle de la rébellion, tout cet édifice d'intérêts individuels, sous un despotisme central, se disperse en poussière.

Déroulerai-je les brillantes annales de la chevalerie, pour rappeler les prodiges de valeur que l'honneur sut inspirer à des poignées d'hommes? Ces prodiges valaient bien nos victoires, gagnées à force d'énormes masses de victimes, qu'un art froidement calculé pousse sur d'autres masses. Mais qui ne se souvient pas des exploits qui ont immortalisé les remparts de Rhodes et ceux de Valette? Qui n'a pas admiré la noblesse française, mourant avec saint Louis ou triomphant avec Philippe-Auguste? Faisons observer aux esprits exclusifs que cet héroïsme dans la défense d'une liberté légitime était commun à toutes les corporations fortement constituées. Voyez, sous le rustique drapeau de leur village, ces invincibles enfants de l'Helvétie braver les efforts des empires! Voyez la généreuse bourgeoisie de Calais courir à la gloire au milieu de l'apprêt des supplices! Voyez Charles XII tomber devant une bourgade incendiée de Norwège! mais, ainsi que les Tyrthées du nord l'ont dit, « le ro-» cher était devenu un autel sur lequel le pa-» triotisme offrit sa ville en holocauste. »

La vie renferme le germe des maladies, et une société, pleine de force, de liberté, de vie politique, éprouve nécessairement des crises violentes. Ces preux chevaliers tournent vers leurs concitoyens l'épée qu'ils avaient tirée contre le Sarrasin et le Maure; ces grands dignitaires, se voyant investis d'une souveraineté secondaire, s'enlèvent leurs fiefs à main armée, ou se confédèrent pour dépouiller le trône; ces valeureux bourgeois ferment à leur roi les portes de leurs villes; ces parlements, jaloux de leur pouvoir légal, usurpent une autorité illégitime, lèvent des armées contre le monarque, le plongent dans les fers, et lui font subir l'outrage d'un jugement : tels ont trop souvent été les résultats du système des légitimités coordonnées qui régissaient l'ancienne Europe.

Mais ces guerres civiles, franches et honorables, valaient mieux que nos agitations modernes : une corporation rebelle avait un but précis et des prétentions limitées; elle savait d'ordinaire ce qu'elle voulait, elle respectait les institutions qui ne la contrariaient pas dans ses vues spéciales; on pouvait apaiser des vœux déterminés, on pouvait faire la paix avec un ennemi dont on connaissait les désirs. Aujourd'hui, c'est une multitude d'intérêts individuels qui fermentent, s'exaspèrent et se révoltent, on ne sait pas précisément pour quel but; c'est le vague désir d'un changement universel, c'est le rêve d'un état de perfection générale dont la première condition est la destruction des inégalités nécessaires : nul plan fixe n'arrête cet essor, nul respect pour des droits acquis ne le retient; il n'est pas possible de faire la paix avec cet esprit envahisseur : les gouvernements, pressés sur tous les points de leur existence, se raidissent pour se maintenir, et entrent, bon gré mal gré, dans une guerre générale avec la société, guerre de petites vexations, de petites intrigues, qui mine, ébranle ou corrompt toutes les institutions. Le premier choc d'un désastre fait crouler une société ainsi décomposée dans son intérieur; quand on veut la relever, plus de masses, plus de colonnes : tout est réduit en fragments incohérents.

La guerre civile entre des pouvoirs fortement constitués, ayant pour objet des droits spéciaux, censés légitimes, était donc bien moins dangereuse que nos révolutions modernes, fondées sur des théories spéculatives.

C'est en constituant solidement la légitimité suprême et centrale que les peuples se mettent à l'abri de ces luttes.

CHAPITRE VII.

DE LA LÉGITIMITÉ MONARCHIQUE ET DE SES AVANTAGES.

—

Ce que la providence veut rendre éternel s'élève sans éclat, sans bruit, loin des regards de la sagesse humaine : c'est le jeune cèdre planté parmi les épines sur des rochers arides; mais une source cachée arrose ses larges racines, et bientôt sa tige inébranlable s'élance dans les cieux. La royauté européenne est née au sein de tous les désordres de la féodalité. Forme temporaire et changeante, comme toutes les institutions humaines, la féodalité a produit le bien et le mal; mais à travers les changements et les luttes, le principe de la légitimité monarchique s'est fait jour, et les trônes militaires des Francs, des Anglo-Saxons, des Goths, des Lombards, sont devenus ces trônes paternels à l'ombre desquels les nations sont assises.

Qu'on nous permette de développer spécialement ce fait historique par rapport à notre belle France.

L'établissement de la noblesse, comme classe distinguée par des honneurs particuliers, se perd dans la nuit des temps. Les Francs et les Gaulois connaissaient également cette institution; et lors de l'établissement de la monarchie, les nobles francs, gaulois et romains se confondirent dans un seul corps. Le peuple n'y perdit et n'y gagna rien. Mais l'établissement de la noblesse, comme corps politique permanent, et comme possesseur privilégié du sol, c'est-à-dire, en d'autres termes, l'établissement de la féodalité, ne date que de la fin de la seconde dynastie de nos rois. Cette extension donnée au droit de propriété ne fut pas, dans le commencement, un envahissement sur le peuple; elle se fit aux dépens de la couronne; elle peut se justifier par des principes de justice, et surtout par des maximes d'intérêt général. Les rois militaires de la première enfance de la monarchie avaient laissé subsister, ils avaient même laissé s'accroître une horrible confusion dans les droits de propriété. Non seulement le peuple, comme dans l'ancienne Gaule ne possédait rien, mais les nobles eux-mêmes n'avaient la propriété assurée que de leur *alleu*, ou du bien qu'ils avaient reçu de leurs père et mère; les *acquêts*, ou les biens qu'on avait gagnés par son industrie, pouvaient être enlevés par force pendant la vie de celui qui les avait acquis. On vit même ces rois, par leurs lettres *de perception*, enlever aux nobles peu puissants leurs alleux et jusqu'à leurs filles, que l'on assimilait aux acquêts. Quant aux biens possédés à titre de bénéfice, ils restaient toujours amovibles au gré du monarque. Le fond de tout cela était une anarchie militaire : tout appartenait au plus fort. Lorsque les rois cessèrent d'être les plus forts, leurs soldats, civilisés par un long séjour au milieu d'un pays fertile, conçurent l'idée de rendre la propriété inamovible et héréditaire. Cette grande révolution, parfaitement juste à l'égard des biens propres, soit *alleux*, soit *acquêts*, s'étendit par abus sur les *bénéfices*, et même sur les dignités, sur les grandes charges de la couronne. Il est dans la nature de toute révolution d'aller au-delà du but; mais, considérée dans son principe, celle qui établit, ou, pour parler plus exactement, celle qui acheva d'établir la féodalité, fut un véritable triomphe de la civilisation sur la barbarie, de la légitimité sur l'anarchie.

La révolution féodale, qui rendit la noblesse libre, ne rendit pas, généralement parlant, le peuple plus esclave qu'il n'avait été auparavant sous le droit public du paganisme, droit affreux, d'après lequel les Grecs et les Romains

CHAPITRE VII. 69

vendaient à l'encan, comme esclaves, toute la population mâle d'une ville prise d'assaut, et partageaient entre les soldats la propriété directe de tous les meubles et immeubles. Les Romains appliquèrent ce système barbare à leurs propres concitoyens dans le partage des terres d'Italie sous Auguste, et les seigneurs féodaux, qui ne s'attribuaient que la suzeraineté, étaient des hommes justes et doux, si on les compare au farouche soldat qui vint arracher à Virgile ses champs, ses prés, ses vergers paternels.

Convenons toutefois que, lors de l'établissement de la féodalité, beaucoup de seigneurs cherchèrent à étendre leur suzeraineté sur les faibles portions du peuple qui, à l'ombre du régime municipal, avaient échappé à la servitude. Leurs tentatives injustes excitèrent une noble résistance, une émulation salutaire, et, grâce à cette commotion utile, les communes consolidèrent leurs franchises, leurs libertés, dans la même proportion que les seigneurs étendaient leur indépendance féodale.

Les révolutions de la féodalité ont donc servi à fixer toutes les propriétés tant civiles que politiques. La plus éminente de celles-ci, la couronne, qui, par l'établissement de la féodalité, perdit tant de pouvoir injuste, dut cependant à ce même système un immense avantage. Sous les deux premières dynasties, les grands s'étaient maintenus dans le droit de choisir pour roi celui, parmi les princes de la famille royale, qui leur convenait le mieux. Cet usage était dans l'esprit d'un gouvernement militaire ; mais il était la source des guerres civiles. Le droit féodal vint terminer ces désordres ; le principe qui assurait à l'aîné toute la succession en biens féodaux fut appliqué à la couronne ; le trône devint un majorat politique et national ; à des empires militaires succéda la véritable royauté légitime, et cette royauté devint le foyer de la civilisation politique.

Plus de choix incertain, livré au caprice, aux intrigues ! C'est la nature, c'est la providence qui font suivre les règnes comme les saisons et les années, et l'histoire a prouvé que les mauvaises chances dans cet ordre sont plus rares que dans aucun autre. Les souvenirs paternels ne soutiennent pas seulement la faiblesse, ils tempèrent les défauts, ils compriment les vices ; tout invite un roi légitime à marcher dans les chemins de la justice et de la vertu ; il sait qu'il travaille pour ses fils, en travaillant pour ses sujets ; et la vénération des peuples pour une race longtemps chérie facilite au pouvoir les voies de douceur dans toutes ses entreprises. Un roi légitime, même sans grandes qualités personnelles, peut régner heureusement en suivant avec persévérance les traces de ses aïeux, en s'appuyant sur les maximes héréditaires de son gouvernement et sur les doctrines nationales. A-t-il du génie, du caractère, de grandes vues, quel rôle auguste que le sien ! Les vertus, les talents, les pensées ingénieuses, les projets utiles, les recherches savantes, les écrits éloquents, tout ce que son peuple et son siècle produit de plus grand, de plus beau, est à sa disposition; il dirige l'emploi de tous ces trésors de l'intelligence humaine; il attire toutes ces lumières autour de son trône, et, marchant à la tête de sa génération, il compose de toutes les illustrations contemporaines sa gloire immense.

Un monarque légitime, et qui s'environne des légitimités nationales, n'a jamais besoin de craindre des entraves à sa juste puissance. Dans la sphère élevée où il doit rester, il est le modérateur-né de tous les pouvoirs sociaux; il les appuie ou les retient, en inclinant majestueusement la balance politique; son pouvoir suprême, plutôt surveillant qu'agissant, ne touche qu'aux grands ressorts de l'état: dictateur, il repousse le glaive sacrilége de la révolte; tribun, il protège les droits du faible; pontife, il guide l'esprit national vers la seule vraie perfectibilité, il conduit le peuple dans la crainte de Dieu et dans l'exercice des vertus. Fort de la durée de sa sainte autorité, il voit sans jalousie l'influence légitime que le génie, l'opinion, le mérite prennent dans les affaires publiques; son nom n'est pas mêlé à des luttes de factions, à de viles intrigues, à d'obscures vengeances; sa parole ne retentit que comme celle de la divinité, pour maintenir les lois de la justice universelle, et pour raffermir le monde social sur ses bases ébranlées. La liberté est debout devant lui; il aime ses fiers regards, il chérit ses mâles accents. Tout ce que l'aristocratie a de lumières et de sagesse, tout ce que la démocratie a d'énergie patriotique et d'activité libre s'allie parfaitement à la royauté légitime, au moyen des institutions nationales dont l'inviolabilité est garantie par la sienne.

Une politique héréditaire rend les rapports entre le trône et les conseils nationaux plus faciles et plus intimes. Il s'établit des traditions sur les concessions mutuelles; la franchise respectueuse s'appuie sur l'exemple des générations précédentes, et se sert même de leur langage. Entre des pouvoirs destinés à se revoir souvent dans le cours des siècles, il n'y a pas cette inquiète et turbulente rivalité qui éclate à toute occasion entre des pouvoirs plus sujets à changer de nature et d'éléments. L'esprit de la légitimité pénètre toute la machine sociale; elle forme l'ordre judiciaire en grande aristocratie, indépendante également des rois et des peuples, ne reconnaissant de maître que la loi, et repoussant les intrigues des grands du même regard sévère dont elle réprime l'insolence de la multitude. Une justice impartiale, ce premier élément de toute vraie liberté, s'accorde singulièrement avec la légitimité royale; mais tous les autres états de la société éprouvent également l'influence tranquillisante de la monarchie légitime: point de destitutions arbitraires dans ces emplois qui, exigeant des études pénibles, doivent être comme le patrimoine de celui qui les a mérités. C'est un des côtés admirables des anciennes monarchies de l'Europe que cette sécurité de tout fonctionnaire vigilant et fidèle. Grâce à ce principe, les familles, assurées de leurs moyens d'existence, élèvent une heureuse et docile jeunesse pour le service de l'état et dans l'amour de la famille régnante. Les propriétés fixes et inviolables sont de l'essence de tout gouvernement légitime, quelle qu'en soit la forme; mais la monarchie a plus spécialement pour maxime de perpétuer les biens-fonds dans la même famille, parceque l'hérédité perpétuelle du champ natal est une image de celle du trône, et c'est par elle que le dogme fondamental de la succession légitime devient, pour ainsi dire, un dogme de famille et une tradition domestique.

Les liens qui unissent un roi légitime à son peuple acquièrent par la puissance du temps quelque chose de mystérieux comme l'amour, d'indissoluble comme la famille. C'est un pacte, non pas entre des individus, entre des existences passagères, mais entre toutes les familles citoyennes et une famille régnante. On doit, en principe de droit public et national, considérer la famille royale comme une corporation dont les membres, conformément au principe de la loi fondamentale, se transmettent, sans interruption et sans intermédiaire, le droit de gouverner l'état. L'ordre de cette transmission, les exceptions, restrictions ou extensions apportées à l'ordre naturel, les précautions prises pour le cas d'une minorité, les formes de la régence et de la tutelle, enfin les devoirs particuliers imposés aux membres de la famille régnante, voilà le premier chapitre de la constitution d'une monarchie, et voilà autant de barrières contre l'ambition des grands, contre l'intrigue des étrangers. Ceux-là obéissent sans répugnance à une maison illustrée de toute la gloire nationale; ceux-ci ne peuvent s'interposer entre des affections de famille et des habitudes populaires. Le trône est le palladium de l'indépendance nationale; peut-on le mettre trop à l'abri d'une main usurpatrice? peut-on trop le soustraire à tout pouvoir étranger, à toute profanation sacrilége? Plus une nation est libre et généreuse, moins elle doit tolérer que la force ou la trahison intervertisse l'ordre de la transmission légitime du suprême pouvoir. La royauté, bien différente d'une simple magistrature, la royauté, âme et principe vital de toute la machine constitutionnelle, doit aussi n'éprouver aucun moment d'interruption : c'est le feu de Vesta qui ne doit jamais s'éteindre. « *Le roi est mort. Vive le roi!* » Ce cri est européen, il est surtout français. Il est dans les caractères essentiels de la légitimité royale de ne pas avoir besoin d'être renouvelée par aucun pacte ou transaction : le titre est imprescriptible, la transmission est immédiate. La famille régnante, symbole vivant et visible du royaume, se perpétue sur le trône, comme la nation continue de génération en génération à occuper sa place dans le monde politique. Ce grand principe de sécurité est garanti par les sentiments de la nature. Le possesseur du pouvoir voit sans chagrins jaloux celui que l'ordre naturel a fait son successeur; et David expirant peut entendre avec une douce émotion les cris du peuple : « Puisse le trône de Salomon s'élever plus haut que le vôtre! »

Nous venons d'exposer les principes de l'Europe sur la vraie royauté. Ne dirait-on pas que nous avons résumé l'histoire de la France? ne dirait-on pas que nous avons retracé les sentiments des Français pour les Bourbons, et ceux des Bourbons pour la France? Heureuse la patrie qui trouve dans ses propres annales le type le plus clair et le modèle le plus éclatant de toutes les légitimités royales! Oui, Français, pour bien comprendre la royauté légitime, il vous suffit de savoir l'histoire de votre pays.

CHAPITRE VIII.

OBJECTIONS CONTRE LA LÉGITIMITÉ MONARCHIQUE.

Écoutons un moment les adversaires de la royauté héréditaire ; non pas ces furieux qui traitaient les rois de *monstres*, de *tigres*, d'*ennemis du genre humain*, ce serait faire trop beau jeu aux amis de la légitimité royale : supposons un homme d'état, un homme versé dans les affaires, mais sincèrement républicain, et rassemblons dans sa bouche tous les arguments graves ou spécieux que les erreurs des rois ont fournis contre la royauté.

«Peuples, dirait-il, votre noble confiance vous

»trahit; vous pensez que, placée au milieu
» d'institutions nationales, sages et fortes, la
» monarchie héréditaire est un nouvel élément
» de liberté et de prospérité ; mais veuillez
» réfléchir sur la nature du cœur humain, et
» vous désespérerez de posséder jamais par suc-
» cession légitime une race de rois citoyens.
» Isolés du reste des mortels, les princes, dès
» le berceau, ne voient que les illusions de la
» grandeur et des séductions du luxe; ils n'en-
» tendent à toute heure que le bruit des men-
» songes flatteurs : comment voulez-vous donc
» que les familles, nées sur le trône, ne pren-
» nent pas l'habitude de se considérer comme
» une race supérieure au genre humain, et
» ayant un intérêt distinct de celui de l'huma-
» nité vulgaire? C'est à eux que la providence
» a donné la terre; votre patrie, vos person-
» nes, vos biens, tout est leur patrimoine; c'est
» dans leurs guerres de famille que vous devez
» répandre votre sang, c'est pour alimenter leurs
» voluptés que vous ramasserez de l'or; ils n'en-
» vahiront les fruits de votre industrie que

»pour les prodiguer à d'avides courtisans et
»à de vils adulateurs. La paix entre ces demi-
»dieux vous sera aussi funeste que la guerre;
»ils s'uniront pour mieux vous retenir en tu-
»telle; dans leurs festins fraternels, ils conspi-
»reront votre esclavage; même leurs alliances
»de famille seront nuisibles à vos intérêts de
»nation; elles appelleront sur vos trônes des
»princes d'un sang étranger, des princes qui
»trahiront eux-mêmes les premiers le secret
»de l'état, et qui régneront pour le compte de
»vos ennemis. D'autres fois, vous verrez des
»minorités orageuses pendant lesquelles plus
»d'une dynastie étrangère entretiendra la fu-
»reur de vos factions civiles pour se frayer
»la route du trône. Remarquez bien que ces
»vices sont ceux de l'institution autant que
»ceux des personnes : les bons ou les mauvais
»princes sont des accidents ; les vices de la
»royauté elle-même sont constants et sans re-
»mède. Ne vous flattez donc pas que le temps
»ni la stabilité améliorent la monarchie. En
»vieillissant, les dynasties ne croissent pas en

» sagesse, mais en orgueil ; elles comptent les
» règnes de leurs aïeux, en place des mérites
» qu'elles n'ont plus; et l'espèce d'harmonie qui
» s'établit entre vous et elles prouve seulement
» que vous dégénérez ensemble. S'affaiblir n'est
» pas s'adoucir; et c'est une triste compensa-
» tion pour les maux que votre légitimité vous
» cause que de savoir que vous ne périrez pas
» seuls. La royauté se rajeunit souvent, il est
» vrai, par les talents, par les vertus que les
» chefs des dynasties nouvelles sont obligés de
» développer, sous peine de ne pas s'établir;
» mais qu'est-ce qu'une institution qui, pour
» conserver sa force et sa dignité, a besoin
» d'être renversée de temps à autre? Laissez
» donc aux peuples dans l'enfance leur royauté
» paternelle, et cherchez dans vous-mêmes vo-
» tre gouvernement légitime. Peuples, vous êtes
» arrivés à l'âge de la virilité; si vous ne savez
» pas vous gouverner vous-mêmes, quels autres
» en seraient capables? Vous êtes corrompus,
» dit-on; les princes et leurs courtisans sont-
» ils donc plus vertueux? Leurs plaisirs sont-

» ils plus nobles, leurs mœurs sont-elles plus
» pures, plus graves, plus saintes que les
» vôtres? Vous êtes légers et inconstants, ajou-
» te-t-on; changeriez-vous donc plus souvent de
» magistrats qu'ils ne changent de ministres?
» Vous êtes entraînés par des mouvements
» aveugles, et funestes; mais qu'est-ce donc
» que ces épouvantables révolutions de pa-
» lais, ces fils détrônant leurs pères, ces frères
» rivaux, ces épouses factieusement adultères,
» ces familles de nouveaux Atrides, étalant
» devant une soldatesque effrénée leurs royales
» discordes, et confiant à la populace le dés-
» honneur de leur couche auguste? Ah! la so-
» ciété civilisée est aujourd'hui bien plus ver-
» tueuse, plus éclairée, plus habile que ceux
» qui prétendent la maîtriser au nom d'une
» vaine légitimité. Que la société cesse d'a-
» dorer un fantôme, une idole pourrie. Levez-
» vous, peuples-rois, et osez régner. »

Ainsi parlaient en 1789 les flatteurs de la génération naissante.

CHAPITRE IX.

RÉPONSE AUX OBJECTIONS PRÉCÉDENTES.

Accusateurs des rois, accusateurs de la royauté, nous allons repousser vos imputations.

D'abord, ceux d'entre nous qui ont vu l'Europe avant la révolution, ses gouvernements, ses princes, peuvent-ils avoir oublié quelle était la tendance générale du pouvoir? Partout le pouvoir sentait la nécessité de réformer ou de réparer; partout les monarques allaient par leurs vœux personnels au-devant des besoins de leurs sujets. Chaque jour la royauté devenait plus citoyenne. Les inconvénients réels qui résultent de l'isolement des familles royales s'effaçaient par l'insensible influence de l'esprit du temps. Les guerres de familles ou d'orgueil personnel étaient presque inconnues; tout se faisait au nom des intérêts nationaux; la prospérité de l'agriculture et du commerce étaient les mots du jour. Plus que jamais, les princes modéraient le luxe nécessaire du trône : économes pour leurs personnes, ils ne maintenaient que la dignité inséparable du rang supérieur. Loin de s'ériger en demi-dieux, la plupart des membres de familles royales aspiraient à l'égalité sociale, et n'enviaient à leurs sujets que le repos de la vie privée. Il était d'ailleurs impossible que le despotisme asiatique se naturalisât en Europe. Si l'esprit de cour exaltait la fierté des rois, la religion chrétienne la tempérait sans cesse; ses austères préceptes et ses augustes mystères ne permettaient pas aux rois d'oublier la condition humaine ni l'égalité de tous les mortels devant Dieu. La voix de la religion, tonnant du haut de la chaire évangélique, interrompait le concert des adulations, plus propres d'ailleurs à fatiguer les princes qu'à les séduire.

Plusieurs monarques d'un grand talent avaient déjà remplacé les plaisirs des cours par des études austères, et le vide des cérémonies par de graves travaux ; plus laborieux, plus sévères envers eux-mêmes que la plupart de leurs sujets, les Frédéric, les Joseph, les Léopold, sacrifiaient tous les moments de leur existence à ce qu'ils croyaient le bien de leurs peuples. Tous les monarques recherchaient le titre de législateurs, tous s'honoraient d'être les premiers citoyens d'une nation libre. S'ils se trompaient en espérant trop de leurs essais d'administration systématique, ce n'était pas faute de concession, ni de confiance envers les peuples. Ils avaient déjà, dans presque toute l'Europe, appelé l'opinion publique au sein de leurs conseils : la presse libre, ce puissant organe de l'esprit national, signalait les défauts des institutions existantes, indiquait les nouveaux besoins des peuples, et proclamait les vœux d'une philanthropie, hélas! encore privée des lumières de l'expérience. Partout des améliorations se préparaient ou s'effectuaient sous la direction de l'autorité; partout les abus et les préjugés étaient attaqués, condamnés, prêts à recevoir le coup destructeur; les gouvernements marchaient unanimement vers une réforme pacifique, lorsque la révolution, en les menaçant d'un bouleversement violent, vint les pousser dans un mouvement rétrograde.

Nous l'avons vue nous-mêmes, cette vieille Europe à son couchant; nous avons vu ses derniers rayons jeter leur douce et pure lumière sur les bords heureux du Sund, où un jeune prince rendait au cultivateur les droits de la cité, brisait les fers du nègre, et invitait les écrivains à proposer leurs vues patriotiques; nous avons vu de vertueux hommes d'état, le sage Bernstorf à leur tête, pleurer sur la fougue indiscrète de ceux qui, en appelant la révolution, arrêtaient la réforme : nous avons méconnu, comme tant d'autres, les efforts régénérateurs de l'ancienne sagesse et de l'autorité légitime ; mais bientôt plongés dans le chaos de la France révolutionnaire, nous avons pu apprécier, par un contraste soudain, la vanité des théories nouvelles. Qu'avons-nous trouvé aux rives de la Seine? La tyrannie à la place de la liberté, la corruption où devaient régner les vertus républicaines, de nouvelles ténèbres où nous attendions la brillante aurore d'un siècle de raison. C'est donc avec une conviction tout-à-fait particulière que nous rendons hommage à l'esprit personnel des monarques du dix-huitième siècle, et à leurs tentatives pour régénérer, pour tempérer et pour épurer la royauté légitime et héréditaire.

Les principes adoptés par l'Europe en faveur de la royauté héréditaire légitime n'allaient jamais jusqu'à faire regarder le royaume et la nation comme un patrimoine : cette erreur était depuis long-temps abjurée, avec le funeste système de partage auquel, dans le moyen âge, elle avait donné naissance; même les domaines de la couronne n'étaient depuis long-temps regardés que comme des bénéfices usufruitiers, attachés à perpétuité au majorat national du trône. Un autre inconvénient de la succession légitime était la transmission de la couronne par les femmes; transmission qui, malgré les glorieux exemples d'une vertu héroïque qu'offre même à nos yeux plus d'une princesse, menace en général l'état d'un règne faible; transmission qui a quelquefois été utile pour renforcer et arrondir un royaume, mais qui peut aussi amener une domination étrangère, contraire aux intérêts nationaux, ou des réunions contraires à l'équilibre politique de l'Europe. La loi salique, cette antique constitution de nos ancêtres, que nul n'a lue et que tous savent par cœur, avait indiqué le remède le plus simple, et qui, avec de petites modifications, a été généralement adopté; c'est d'exclure les femmes du trône, soit à perpétuité, comme en France et autrefois en Russie, soit au gré des états généraux, comme en Suède depuis 1743. Le trône, dans ce système, est assimilé à un bénéfice militaire. Une mesure à peu près équivalente consiste à reculer le plus loin que possible le droit éventuel des femmes, comme en Espagne et en Danemarck; enfin, diverses nations, entre autres le Portugal, et anciennement la Suède, n'avaient accordé le droit de succession aux femmes qu'en les assujettissant à certaines conditions pour le choix de leurs époux. Le même esprit de justice et d'honneur national a limité la validité des testaments des rois, des adoptions et des légitimations.

Avec ces modifications, le principe de la succession légitime, tel qu'il était reconnu dans toutes les monarchies de l'Europe, n'avait rien qui pût blesser l'indépendance nationale. La politique des cabinets était presque devenue étrangère aux liaisons de sang entre les maisons royales; et la jalousie des puissances, veillant sur ce qu'on appelait l'*équilibre*, intervenait même dans les successions légitimes pour s'opposer aux principes patrimoniaux, ainsi que l'éprouva l'héritier du trône de Bavière. Le pacte de famille conclu entre les Bourbons de France, d'Espagne et d'Italie se fondait sur des intérêts nationaux, et il aurait sans doute fini par un choc violent contre la politique autrichienne, qui cherchait par les *secundo-genitures* à se créer des points d'appui en Italie, comme elle s'en créait en Allemagne par les électorats ecclésiastiques; mais, quoique sortie de l'ancien système patrimonial, cette politique particulière à la maison d'Autriche était elle-même fondée sur des intérêts d'état et sur les convenances géographiques ou militaires qui auraient également existé entre des républiques.

Il est sans doute des dangers inséparables de la succession héréditaire immédiate. Il est un âge dans lequel les facultés du prince le mieux élevé ne sont pas au niveau des fonctions royales; il faut déterminer avec la dernière précision cette époque; il faut désigner les personnes qui, de droit, deviennent les tuteurs du jeune roi et les régents du royaume;

il faut marquer les limites de cette royauté intermédiaire dont jouit un régent. Toutes ces dispositions doivent participer au caractère sacré de la légitimité, car la moindre incertitude ou la moindre violation peut amener la guerre civile et les calamités les plus affreuses ; l'histoire du moyen âge n'en fournit que trop d'exemples. Mais l'ancienne Europe était peu à peu arrivée, à cet égard, à des principes fixes, quoique variés, selon le génie des nations. Ici, comme en Angleterre et en Suède, les rois n'étaient majeurs qu'à dix-huit ans; là, comme en France, en Danemarck, en Portugal, ils l'étaient à quatorze ans. « Malheur au » pays dont le roi est jeune ! » dit l'Ecclésiaste ; et pourtant que de graves raisons ne peut-on pas donner pour abréger la minorité des rois ! Les régents étaient presque partout assujettis à des restrictions qui avaient pour but de les empêcher d'acquérir assez de puissance pour renverser en leur faveur l'ordre de succession légitime. Des états, d'ailleurs enclins au pouvoir arbitraire, réduisaient les régents et régentes à n'être que les chefs d'un conseil. Dans le même esprit, les Français ont long-temps séparé la régence politique de la tutelle personnelle du roi mineur. Tous ces inconvénients, aujourd'hui si faciles à écarter par l'intervention des grands conseils nationaux, soit héréditaires, soit électifs, étaient d'un faible poids auprès des avantages de la succession légitime; et, en mettant tout au pis, les ébranlements que l'Europe ancienne pouvait encore craindre à la suite des révolutions de cour ou des usurpations intérieures doivent paraître peu inquiétants à celui qui a vu les grands bouleversements de notre époque. La foudre, qui quelquefois tombait autour des trônes, n'atteignait d'ordinaire que deux ou trois palais; les orages violents ne grondaient qu'au loin dans un empire encore alors semi-asiatique. Dans toute l'Europe civilisée une certaine douceur, une certaine longanimité respirait dans la marche des affaires, et même les chutes ministérielles servaient bien moins fréquemment de spectacle à la malignité populaire. La puissance légitime, conservatrice essentielle de la durée des empires, aime naturellement à voir durer tout ce qui l'environne.

Le plus grave danger qui menace une dynastie, c'est une mauvaise éducation des princes; c'est l'écueil où la légitimité monarchique a essuyé le plus de naufrages. La sagesse de l'ancienne Europe, il faut l'avouer, y avait faiblement pourvu : elle s'en était rapporté à l'intérêt de famille; mais il aurait fallu que des lois solennelles et immuables eussent indiqué à tout membre d'une famille royale, même aux héritiers éloignés, les devoirs extraordinaires que leur haute vocation leur impose à l'égard de l'éducation de leurs enfants. Peut-on avec trop de soin inspirer de la raison, de la vertu, de l'héroïsme, à ceux qui un jour pourront perdre le peuple par leurs vices, par leurs faiblesses, ou le sauver par leur bon exemple! Peut-on trop soustraire leur jeunesse au contact de la corruption, trop la nourrir du pain céleste de la vérité, trop la fortifier par le pur nectar, de la sagesse religieuse! Peut-on trop accoutumer de jeunes princes à des habitudes laborieuses, eux qui doivent un jour porter le fardeau si brillant, si sacré, mais si pesant d'une couronne! L'Europe ancienne avait senti l'urgence de compléter sous ce rapport les institutions nécessaires à la légitimité; le nord surtout s'enorgueillissait déjà de quelques belles éducations de princes. Heureuse la France de pouvoir encore ici être citée comme modèle! C'est dans des projets adoptés par Louis XVI que Buonaparte avait puisé plusieurs idées fondamentales de son mémorable *statut de famille*. Dans le beau siècle de la monarchie, nos grands rois avaient montré comment la religion, la science et les talents doivent être appelés à veiller sur les rejetons d'un sang auguste: ce touchant spectacle va se renouveler autour du berceau où grandit l'enfant de nos espérances à l'ombre des palmes d'un législateur, des lauriers d'un héros, et, hélas! des cyprès funèbres d'un père. Enfant du deuil, enfant de la Providence, quand les pontifes, les héros et les sages viendront guider ta raison naissante, ils ne pourront te montrer pour exemple des rois législateurs plus grands que tes aïeux, ni un chevalier plus français que celui dont tu portes le nom chéri, *Henri Dieudonné!* Tu verras nos discordes éteintes, tu régneras sur un siècle pacifié, et le sceptre de saint Louis ne sortira pas de ta race.

CHAPITRE X.

DE LA RÉVOLUTION FRANÇAISE ET DU PRINCIPE DE L'ILLÉGITIMITÉ.

Nous avons caractérisé les principes qui formaient la base du droit public de l'Europe. Ces principes de légitimité garantissaient l'indépendance des nations, l'hérédité des couronnes dans les monarchies, la perpétuité des autorités dans les républiques, les droits et les propriétés politiques de chaque corporation et de chaque portion du peuple. Dans la paix, dans la guerre même, ces principes mettaient un frein aux passions des rois et aux caprices des peuples. Quelquefois violés, toujours reconnus, ils ressemblaient à un phare qui ne peut calmer les flots agités, mais qui, au milieu de leur tumulte, indique au navigateur la route la plus sûre. Quels nuages soudains nous en ont dérobé les clartés? Comment se fait-il que, dans un siècle qui se dit éminemment législateur, dans un siècle si fécond en constitutions écrites, la foi des traités, la sainteté des conventions, la justice éternelle et universelle, aient cessé d'être considérées comme la loi suprême des nations?

Une révolution, unique dans les annales de l'Europe, a fait disparaître ou chanceler tous les principes de ce grand ordre social que nous venons d'esquisser; elle y a substitué une théorie nouvelle et chimérique. Deux ou trois idées, dénaturées et exagérées, se sont répandues subitement comme ce germe subtil qui propage les épidémies, et à l'instant la raison humaine a paru frappée de vertige.

Quel était le principe de cette révolution? C'est ce qui n'est pas facile à définir. L'esprit de cette révolution n'était ni religieux ni républicain, comme celui des grands mouvements du seizième siècle, ni même national, quoique la France ait eu le triste privilége de lui donner son nom, et quoique les qualités particulières du caractère français aient influé sur la rapidité de sa marche.

La révolution, bornée aux résultats naturels de la lente corruption des institutions légitimes de la monarchie française, n'eût été qu'une calamité locale comme celle que valut à l'Angleterre la lutte entre Charles Ier et le parlement; elle eût peut-être retrempé l'énergie du gouvernement, ressuscité les états-généraux, et régénéré les anciennes vertus politiques de chaque ordre du royaume. Mais ce but positif, que la saine partie de la nation avait indiqué dans les *cahiers*, fut trahi par des mandataires infidèles; l'orgueil et l'enthousiasme avaient rêvé qu'on pouvait tout refaire dans l'ordre social. Le volcan qu'ils avaient allumé avait un foyer profond et immense :

c'était la force souveraine du peuple qu'ils avaient réveillée. Ce même foyer s'étendait sous tous les gouvernements, et avant que la révolution française eût adopté une forme positive, elle avait crié à tous les peuples : « Cessez d'obéir ! Le jour de la grande régénération est arrivé ! » Et mille échos avaient répondu à ce perfide signal; l'Europe s'était troublée au bruit de ce faux oracle qui promettait partout et à tous un mieux indéterminé.

L'irréligion fut sans doute un puissant auxiliaire de la révolution ; elle lui livra l'entrée de bien des cœurs moins pervers que frivoles, cœurs où la grande idée d'un Dieu, seul souverain, et des légitimités, créées par la Providence, ne soutenait pas des sentiments d'ailleurs doux, loyaux et pacifiques. La faiblesse de beaucoup de résistances bien intentionnées provenait de l'absence de cette force divine, de cette conviction élevée au-dessus de la société matérielle. Mais l'irréligion ne conduisit pourtant pas la révolution. Celle-ci, après avoir d'abord paru vouloir se parer de la morale chrétienne, mutilée par le rejet du dogme, finit par dédaigner toutes les opinions religieuses comme peu importantes à une génèration éclairée de lumières nouvelles. Tous les autels étaient également l'objet de sa dérision et de son indifférence ; elle ne les dépouillait que de leur or; elle ne persécutait dans le prêtre que le sujet fidèle; et, croyant Dieu un vain nom, elle condescendit à le tolérer.

Le nom d'une république formée au-delà de l'océan sur la base solide des anciennes institutions provinciales fut à la vérité souvent prononcé par quelques hommes de la révolution; mais c'est une erreur grave, quoique commune, de regarder la révolution comme républicaine par ses doctrines. Les théories de 1791 sont toute la révolution; les soi-disant républicains de la convention n'y ont rien ajouté. Ces théories se prêtent indifféremment au despotisme ou à l'anarchie. Abolir toute classification de citoyens, dépouiller les indi-

vidus et les communautés de leurs prérogatives et libertés, étendre aux prolétaires même un droit de cité vague et indéfini, remplacer l'équilibre des divers corps de l'état par une balance entre des abstractions, nommées pouvoirs, imposer à tous les peuples le joug de fer d'une législation uniforme, est-ce là du républicanisme? L'esprit de corporations municipales, l'esprit de fédéralisme, tout ce qui fait la base des républiques, était odieux aux philosophes français dont les systèmes ont précédé ou accompagné la révolution. Ah! si l'ardent admirateur des républiques, si l'austère Mably fût revenu sur la terre pour assister un moment aux déclamations de nos Lycurgues, avec quelle indignation n'aurait-il pas lancé sur eux tous ses anathèmes! « Mal-
» heureux, que faites-vous! Votre ignorance
» profane le grand nom de la république; au
» lieu des devoirs, des sacrifices, des vertus,
» vous ne prêchez au peuple que la licence des
» esclaves affranchis; votre absurde théorie de
» l'égalité me prouve surtout que vous n'atten-

» dez qu'un nouveau maître pour devenir égaux
» en bassesse, comme vous l'êtes déjà en cri-
» mes. Comme vous avez perdu ignominieuse-
» ment une occasion unique pour exécuter mes
» plans de gouvernement! Vous en aviez sous
» la main tous les éléments. Pour fonder la ré-
» publique en Europe, il eût fallu, en ne ren-
» versant que la légitimité des familles régnan-
» tes, respecter toutes les autres et les encadrer
» seulement dans un ensemble républicain;
» il eût fallu conserver les églises nationales,
» la noblesse, les corporations municipales
» ou industrielles, pour en faire les éléments
» d'une société renouvelée, d'où vous auriez
» banni la royauté, comme, dans plusieurs
» pays, la royauté avait aboli la féodalité et les
» états-généraux. Mais il vous eût fallu le com-
» pas des architectes, et non pas le marteau des
» niveleurs. Esprits grossiers! législateurs igna-
» res! votre république n'est qu'un vain mot;
» que dis-je! c'est un horrible scandale pour
» les vrais républicains; Sparte vous désavoue,
» Rome vous méprise; Phocion et Caton, et

« moi, nous vous envoyons notre malédic-
» tion. »

La révolution française n'eût pas seulement compris ce langage ; elle visait bien plus haut et plus loin. C'était l'ancien monde social qu'elle avait condamné à disparaître tout entier; c'était un nouveau monde qu'elle voulait faire sortir du sein de la destruction universelle. Son caractère distinctif est d'avoir déclaré la guerre au principe général de la légitimité.

Tous les peuples européens convenaient que les états ne sauraient exister sans des lois fondamentales, sans des traités inviolables. Les droits, transmis par ces lois et par ces conventions, étaient, par conséquent, censés imprescriptibles, inaliénables et inaltérables. Aucune révolution n'avait nié le principe de la *légitimité* dans cette universalité. La force avait partout reconnu des droits fondamentaux.

L'esprit révolutionnaire dit aux rois et aux

peuples : « Il n'y a point eu jusqu'ici de droit ni de justice universelle ; la société, telle qu'elle existe, n'est qu'une longue usurpation ; l'homme libre a brisé tous ses liens. Il n'y a plus de lois immuables ; elles peuvent toutes changer selon la souveraine volonté du plus fort. Il n'y a plus de traités inviolables ; ils doivent tous céder aux convenances et à l'intérêt du plus puissant. » Voilà le principe de l'*illégitimité*, le principe révolutionnaire dans toute sa grandeur gigantesque et dans toute sa force destructive.

Une semblable doctrine déchaînait à la fois tout ce qu'il y a dans le cœur humain de passions indéfinies, de regrets insensés, d'espérances démesurées. Une fois les barrières de la légitimité renversées, un avenir sans bornes s'ouvrait également aux rêves bienveillants et aux combinaisons du crime. Jamais tant d'illusions n'avaient flatté l'audace ; jamais tant de chances ne s'étaient offertes à l'avidité ; jamais aussi l'ignoble peur et le sordide égoisme n'avaient vu se presser autour d'eux des périls plus multipliés. Tout était donc livré à ce nouveau pouvoir, et la révolution pouvait se croire une nouvelle providence chargée de réformer le genre humain. C'était la vanité humaine assise un moment sur le char du tonnerre et lançant la foudre tant que le permettait l'Éternel. Comme elle usa de ce pouvoir éphémère que la véritable Providence lui avait permis d'usurper ! Comme elle renversait à coups redoublés l'ancien édifice social ! Les colonnes les plus fortes s'ébranlent, s'écroulent, se brisent en mille fragments, et la tempête en disperse au loin la poussière. La révolution ordonne bientôt aux peuples de recevoir à genoux les bienfaits qu'elle leur prépare ; mais ici elle avait rencontré les bornes de sa mission, et toute sa puissance créatrice ne réussit qu'à donner à des nuages fugitifs une forme illusoire. Tous les anciens pactes sont violés, tous les anciens droits sont méconnus, toute loi positive cède à des théories arbitraires ; mais, dans ces théories même, rien de concordant, rien de stable, rien qui annonce un avenir; les pouvoirs nouveaux se renversent ou se combattent les uns les autres; les nouveaux pactes et les nouveaux droits sont à leur tour traités de préjugés et d'abus; l'idée même de la loi est dénaturée, et ce nom auguste ne signifie plus une règle prescrite aux gouvernements, il ne dénote que les caprices journaliers du pouvoir populaire, il ne signifie que les expressions passagères d'une prétendue volonté souveraine et absolue, dictées par des milliers de despotes, par des milliers de bourreaux.

La révolution s'applaudissait de son ouvrage, mais ne se reposait pas. Elle ignorait qu'elle avait déjà porté dans ses propres flancs le germe qui devait la détruire; elle ne savait pas quel salutaire changement commençait à s'opérer dans les cœurs. Le spectacle des désastres qu'entraîne l'anarchie réveille avec une nouvelle énergie le sentiment de la légitimité. L'Europe se rappelait enfin qu'elle avait eu des lois, des libertés, des institutions long-temps avant que la France révolutionnaire s'arrogeât le droit de régénérer l'univers. « Vous » qui prétendez nous rendre libres, disaient » les peuples envahis par les armes de la » France, quand arriveront enfin les bienfaits » promis avec tant de jactance? En échange de » nos champs dévastés, de nos villes incen- » diées, de nos enfants entraînés aux combats, » quand verrons-nous cette liberté, fille du siè- » cle des lumières? L'avez-vous aperçue vous- » mêmes? Est-elle enfin parvenue à se fixer sur » les bords de la Seine? Dans laquelle de vos » nombreuses constitutions a-t-elle manifesté » ses augustes volontés?..... » Les libérateurs du genre humain répondirent à ces demandes indiscrètes en frappant de nouvelles réquisitions.

Des traits plus sombres encore démasquèrent la révolution aux yeux de l'Europe épouvantée. Il est des crimes que le genre humain ne saurait pardonner. La hache parricide qui frappe une tête royale, frappe en même temps les fondements de l'édifice social. Ce sang d'une auguste victime n'est pas le sang d'un seul mortel, c'est le sang de la société assassinée. La liberté nationale expire avec le dernier soupir du chef auquel la volonté des générations avait confié le pouvoir souverain; ce n'est pas un homme, un prince, c'est la patrie qui monte à l'échafaud. Quelle carrière honorable et vertueuse un peuple peut-il commencer sous d'aussi funestes auspices? Le vertige du crime se répand dans ses conseils; toutes les résolutions, toutes les lois portent l'empreinte de cet anéantissement du sens moral qui, seul, a pu rendre possible un si grand forfait. Bientôt, agitée de remords, la conscience nationale se réfugie dans les excès d'une ambition gigantesque. La tombe de la royale victime devient un abîme où les générations s'engloutissent sans pouvoir le combler. On s'accoutume à une existence tissue de violences, d'excès et de crimes. C'est ainsi que, s'étant familiarisés avec les révolutions sanglantes, les peuples de l'Asie ont perdu le sentiment de l'honneur et de la liberté. Ce fut ainsi que Rome, une fois enivrée du sang innocent, marcha, poursuivie par les furies de l'ambition et de la discorde, et, ne pouvant plus s'arrêter dans sa carrière de destruction, finit par faire de l'univers esclave le tombeau de sa propre liberté.

Les révolutionnaires français, disait l'Europe effrayée, épuiseront en peu d'années ces siècles de crime qui pèsent sur la mémoire de Rome. Ils ont assassiné les rois, ils assassineront les peuples; ils tueront la liberté sur ses propres autels.

Ne vous semble-t-il pas voir cette sainte et austère divinité assise, sous les traits d'une simple bergère, dans son antique temple d'Helvétie? A ses pieds, d'heureuses peuplades se reposent de leurs travaux rustiques; la flûte pastorale accompagne l'hymne pieux qui rend grâces au ciel de l'abondance des moissons, ou l'hymne patriotique qui célèbre les exploits de Guillaume-Tell; personne ne pense à renverser les anciennes autorités ni à combiner des subtilités nouvelles en forme de lois : l'obéissance n'est que de l'amour, et le cœur de chaque citoyen est une loi vivante ; le rocher aplani, le torrent enchaîné, l'indigence consolée, la vertu récompensée, voilà ce qui occupe les paisibles sénats de ces sages républiques. Telle était la liberté suisse. Qu'a-t-elle donc fait pour provoquer le courroux sanguinaire de cette furie qui, sur les rives de la Seine, se pare de son nom? Ce qu'elle a fait? Son maintien est modeste, ses regards sont calmes, ses mains pures du sang innocent; n'est-ce pas assez pour nous déplaire, n'est-ce pas nous reprocher notre insolence, notre ambition et nos forfaits? Qu'elle périsse ! Nos bourreaux pénètrent dans ces vallées naguère si paisibles; ils immolent ces hommes libres qui ne veulent pas abjurer les lois de leurs ancêtres; ils livrent aux flammes ces chapelles où reposait la cendre des patriotes; la dépouille des pâtres est jointe à la dépouille des monarques; la flûte pastorale roule brisée dans des flots de sang, et le troupeau dispersé fuit avec effroi ces pâturages infectés où palpitent les membres déchirés de ses bergers.

La révolution française a triomphé; il n'est plus sur le continent de nation libre.

Mais aussi la révolution a perdu tout le pouvoir qu'elle avait exercé sur des cœurs exaltés, et le nom de liberté, d'égalité, sur les lèvres des brigands et des esclaves, ne saurait plus émouvoir les peuples. Nous restions plongés dans une morne stupeur comme l'infortuné qui, après avoir acquis, en songe, un trésor immense, s'éveille subitement et voit sa modeste demeure dépouillée par un voleur nocturne. Ainsi l'Europe déplorait, mais trop tard, la perte de ses anciennes libertés. Elle essayait de s'en consoler en maudissant la France, aussi malheureuse qu'elle. « Cette nation crédule et vaine trouvera dans son sein un maître qui, aveugle instrument des vengeances divines, entraînera devant son char de triomphe une génération corrompue à travers des grandeurs éphémères jusque dans l'abîme de l'humiliation ; la lance du Scythe gouvernera un jour ces oppresseurs passagers de tout ce qui est libre et légitime, et quand l'étranger les aura rendus à eux-mêmes, ces régénérateurs du monde social ne sauront établir une loi fixe, ni un gouvernement stable; ils changeront à chaque instant de guide et de route; leurs longues agitations montreront à l'univers ce que c'est qu'un peuple sans doctrines et sans croyances. »

CHAPITRE XI.

VERTUS ROYALES DANS LE MALHEUR.

Le malheur est un élément de l'ordre moral: il épure les cœurs, il élève les âmes au-dessus des choses mortelles; il expie les fautes, il désarme l'envie, et met dans un jour plus beau les vertus des grands, souvent méconnues à force d'avoir été maladroitement vantées.

Le soleil, dans le milieu de sa course, éblouissant de majesté, fatigue quelquefois nos yeux; mais nous le revoyons avec une sorte d'émotion, lorsque, environnés des nuages orageux du soir, ses rayons affaiblis semblent lutter avec

CHAPITRE XI.

les ténèbres et s'éteindre dans un déluge de pluies.

Ce monarque, dont la conscience timide avait paru ressembler à de la faiblesse, brille dans les fers et sur l'échafaud de tout l'éclat d'un martyr de la vertu. Les viles clameurs de la calomnie contre la jeune reine d'une cour frivole firent place aux prières et aux bénédictions pour l'auguste prisonnière de la Conciergerie, lorsque d'insensibles tyrans l'arrachèrent des bras de ses enfants pour la précipiter dans la même tombe qui venait d'engloutir son époux. Qui de nous n'a pas vu la stupeur universelle qui, semblable à un brouillard d'hiver, glaça subitement tous les cœurs, lorsqu'un murmure funèbre, s'élevant des fossés de Vincennes, répéta ces mots : « Enghien est prisonnier! Enghien n'est plus! »

Une touchante et sublime image réveilla surtout le sentiment de l'Europe en faveur de la légitimité. Un monarque proscrit est poursuivi par la révolution jusqu'au sein des forêts de Sarmatie. La froide hospitalité des étrangers cède à la terreur des armes. Au milieu des rigueurs d'un hiver du nord, l'auguste vieillard est obligé de chercher un autre asile, il marche à travers les neiges et parmi les rochers; les vents glacés soulèvent ses cheveux blanchis, et c'est à peine si la grossière dépouille des bêtes féroces met sa personne sacrée à l'abri de l'excès du froid : point de gardes, plus de cour, peu de serviteurs fidèles, mais la jeune fille de soixante monarques accompagne sans crainte et sans lassitude le frère de l'auteur de ses jours; elle remplit envers son roi les devoirs de son peuple entier; elle est pour lui la France, la patrie, l'univers; elle environne, au sein de la solitude, ce chef des Bourbons de tous les respects de Versailles; elle soutient, d'un faible bras, son bras fatigué sous le poids des ans; elle fait bien plus encore, elle prie et pour son roi et pour son peuple.

Cependant, sur les rivages solitaires de la

Baltique, un esquif est préparé; il va porter la fortune de la France. Les flots se balancent comme l'avenir incertain devant les yeux de ces infortunés. Princesse, ne vous méfiez pas de ces flots, ils sont fidèles à l'héroïsme et au malheur. Cette étoile polaire, qui voit changer les empires et qui ne change jamais, vous conduira sur les rivages poétiques de la Scandinavie, où la liberté de Sparte et la chevalerie des croisades fleurissent ensemble, où la religion et la philosophie ont réuni leurs autels.

Hélas! il plane aussi sur ces régions paisibles un destin mystérieux et ceux qui ont reçu en rois l'exil de la royauté sont aussi condamnés à errer un jour loin du trône de leurs aïeux.

A l'autre extrémité de l'Europe, quelles sont ces voiles qui cherchent les astres d'un hémisphère soustrait à nos yeux? Ces voiles portent un prince qui aime mieux aller régner chez les antipodes que vivre vassal en Europe.

Ces augustes malheurs n'émeuvent pas seulement les cœurs des peuples d'une noble pitié; ils élèvent encore les âmes des rois jusqu'au trône de celui *qui seul est souverain.* C'est lui qui envoie aux maîtres de la terre ces afflictions salutaires pour leur apprendre combien il y a du néant dans toutes les choses de ce monde, même dans la royauté légitime; combien les grands et les puissants doivent se mettre en garde contre l'enivrement des prospérités, contre l'orgueil du rang suprême; et combien ceux qui tiennent de la Providence le pouvoir de soutenir la faiblesse, de consoler l'infortune, deviennent coupables en prodiguant à des flatteurs, à des esclaves, au vice et à la bassesse, des bienfaits qui n'en méritent pas le nom quand ils ne sont pas la récompense de la vertu et du mérite. Lors même que la prospérité ne fait pas oublier entièrement ces devoirs, elle en affaiblit le sentiment intime par ce vertige de plaisirs frivoles dont elle remplit la vie des grands. Les pensées sérieuses et les émotions profondes forment, comme autant de Grâces austères, le céleste cortége de l'adversité, lorsqu'elle vient frapper à la porte des palais. C'est une grande faveur du ciel que l'affliction pour les âmes qui savent en profiter.

Elle le savait, cette reine dont la Prusse porte encore le deuil. Épouse fortunée, mère heureuse, souveraine adorée, elle voit tout d'un coup fondre sur elle l'orage de l'adversité; un ennemi irrésistible accable sa patrie; une défaite sans pareille anéantit les légions qu'elle animait en vain par sa présence; leur sang ruisselle à ses pieds, et les débris de l'armée l'entraînent dans leur fuite immense : les fleuves, les citadelles n'arrêtent pas la course des vainqueurs; la trahison leur livre ce que la peur et l'ineptie n'a pas abandonné; quelques chars, échappés au pillage, emportent les restes de la cour fugitive; la tente mobile remplace les palais. Cette reine errante veut-elle se reposer, le bruit des chevaux la réveille; et le choc des lances lui annonce qu'il faut se sauver; l'enfant royal qu'elle tient à la main admire naïvement les feux du camp nocturne; mais, au fracas des bombes qui sillonnent les nuages et éclatent parmi les glaçons, elle presse en tremblant contre son sein maternel ce jeune et tendre rejeton d'une maison naguère si florissante. Bientôt un peuple entier, fuyant la chute de ses toits embrasés, suit la même route que la reine; elle voit les vieillards, les mères, les enfants, expirants autour d'elle, et n'a pas le moindre moyen de venir à leur secours. Ce fut alors qu'en passant dans une humble auberge une nuit sans sommeil, cette princesse soutint son désespoir en écrivant sur les vitres d'une fenêtre à demi brisée cette belle pensée d'un grand poëte : « Qui n'a pas mangé le pain » de la douleur, qui n'est pas resté assis la nuit » sur sa couche en versant des larmes, il ne » vous connaît pas, ô puissances célestes [1]. »

---

[1] Voici les vers allemands de M. de Gœthe :

« Wer nie sein brod mit Thrænen ass,
» Wer nie die kummervollen Nœchte

C'était ainsi que le pouvoir sacré du malheur combattait la révolution et préparait le rétablissement des légitimités. Il entraînait surtout cette moitié du genre humain qui règne par les larmes et qui triomphe par un soupir.

Mais le principe de la force et de l'illégitimité marche encore victorieux sous une forme nouvelle à travers l'Europe asservie. Suivons sa marche.

» Auf seinem Bette weinend sass ,
» Der kennt euch nicht, ihr himmlische Mæchte ! »

CHAPITRE XII.

NAPOLÉON BUONAPARTE.

« En avant, guerriers, en avant! la victoire
» nous appelle au partage du monde; les
» champs, les palais, les trésors, les trônes, sont
» les prix de la lutte : oublions nos dissensions;
» que la gloire nous rallie; que la tribune muette
» laisse parler l'airain des triomphes! »

C'était ainsi que, tous les printemps, une voix puissante excitait la France à se consoler, par le fracas des conquêtes, de la perte de sa liberté. Quelle était cette voix irrésistible? Du chaos de la révolution il était sorti un homme, fort par sa volonté inébranlable, fort par son génie calculateur, mais plus fort encore par l'affaiblissement des principes de la légitimité, qui livrait le monde à l'empire de la force. Cet empire, il le crut son héritage; il en saisit d'un bras ferme le sceptre d'airain; il en posa sur son front le diadème de fer. Les rois et les peuples gardèrent le silence; que dis-je! ils lui prodiguèrent leurs acclamations; ils l'accablèrent de flatteries; le monde, prosterné devant son glaive victorieux, mendiait de lui ses nouvelles destinées; le génie de la révolution reculait tremblant devant le sien, et semblait se soumettre à son propre élève; la fidélité monarchique déposait, en soupirant, ses armes, et, descendu des hauteurs du sanctuaire, le chef de l'église catholique venait humilier la tiare devant sa couronne. Cependant une âme royale résistait : le roi légitime refusait de lui céder les droits des Bourbons; il fait un signe aux rois, ses vassaux, et les Bourbons sont exilés du continent où règne *Napoléon*.

Maître du présent, il a la noble ambition de dominer l'avenir; il ose concevoir le projet de substituer à la fois aux anciennes légitimités et aux nouvelles théories un ordre de choses qui, consacré par le temps, aurait dû, au gré de ses vœux, acquérir le caractère de la légitimité; il eut même, sur la fondation de cet ordre nouveau, des inspirations fortes, des vues immenses, qui, bien plus que ses exploits, l'élèvent au-dessus de la foule des conquérants : mais un double principe de destruction, sortant à la fois de son caractère et de son siècle, dut anéantir tout ce qu'enfantait son génie, tout ce que créait sa puissance. Plus géomètre que philosophe, calculant mal les forces morales, il composa l'énorme levier de sa puissance de tout ce qu'il y avait de sentiments vulgaires et d'intérêts matériels ; mais, esprit vaste et élevé, il aurait pourtant voulu s'entourer et s'aider de ses semblables : il n'en rencontra point. Sans frère, sans ami, et sans rival digne de ce nom, il finit par ne voir dans l'univers d'autre point fixe que lui-même. Dès lors, il détruit, il crée, il détruit encore; il veut pétrir la société comme de l'argile, pour en faire le piédestal de sa propre statue. Révolutionnaire vis-à-vis des anciens souverains, despote vis-à-vis des nouveaux peuples, il blessait, il inquiétait également la raison et les préjugés, les idées libérales et les sentiments serviles, les traditions antiques et les théories récentes. Ainsi tout plie sous sa puissance, rien n'appuie son édifice; tout cède à ses armes, rien ne s'identifie avec ses lois. Son impatiente ambition ne lui permettait pas de s'allier intimement au principe conservateur de la légitimité, et son grand sens politique ne lui permettait pas d'adopter les principes désorganisateurs de l'illégitimité. Son seul allié fidèle était donc l'enthousiasme militaire; non pas cet enthousiasme pur du citoyen, défenseur de la patrie, mais la soif des richesses, des honneurs et d'une domination universelle. Cependant, au milieu de ces passions vulgaires, un sentiment plus noble, le dévouement à l'indépendance nationale et à l'intégrité du territoire français, animait quelques cœurs vieillis sous la cuirasse. Ils ne suivaient pas le maître du monde, mais le chef de la France, dont ils pressentaient les revers. L'esprit militaire, désorganisé par les succès mêmes, succomba sous les désastres, et Napoléon ne se fait plus suivre par la victoire, dont il avait lassé les ailes. Dès lors, il devait voir se réunir contre lui la confédération la plus généralement étendue et la plus singulièrement composée que l'histoire ait connue. Les rois les plus absolus et les peuples les plus libres, les plus vastes empires et les plus minces républiques, la terre et la mer, la philosophie et le fanatisme, les lumières et la barbarie, les vertus et les vices, l'ancienne fidélité et les nouvelles trahisons, les intérêts de la légitimité et les intérêts de l'anarchie, tout conspire la chute d'un seul homme. Il chancelle, il succombe; trois fois, en se relevant, il ébranle le monde, trois fois il retombe sous le poids de l'univers.

CHAPITRE XIII.

RESTAURATION DES LÉGITIMITÉS. — LES CHARTES ROYALES.

Le colosse était par terre, et les pygmées en marchandaient entre eux les débris. Cependant, au milieu des partages ignobles et mal calculés, au milieu des incertitudes pusillanimes d'une diplomatie sans principes, éclate tout-à-coup le nom auguste de la *légitimité*. On s'y rallie de toutes parts; on l'oppose à la révolution; on le présente comme un signe de salut à l'Europe: il y avait dans cette tendance nouvelle un sentiment vrai et juste.

Si les efforts d'un aussi puissant génie que Napoléon n'avaient pu suppléer à l'absence d'un principe de légitimité, reconnu et consolidé, il fallait bien convenir qu'il existe en Europe une force morale et un esprit social qui tendent irrésistiblement vers l'établissement d'un ordre politique, image de la justice et de stabilité universelle. L'esprit de la légitimité domine l'Europe chrétienne : rien ne saurait le dompter, l'enchaîner, l'éteindre; ni les prestiges de la gloire, ni les appas de la molle licence, ni les plus vastes combinaisons du génie, ni un million de bras armés, ni l'enfer même conjuré avec le crime. Oui, un seul sentiment domine chez les gouvernements et chez les peuples, c'est la nécessité d'un ordre de choses légitime, immuable, inviolable. Rois et sujets, tous ont goûté les fruits amers de l'illégitimité, de l'usurpation, de la rébellion, du despotisme et de l'anarchie ; rois et sujets, tous ont senti la nécessité d'un principe conservateur, d'un principe qui, en dominant les divers éléments de la société, les protège et les perpétue.

CHAPITRE XIII.

Pourquoi ce sentiment juste et profond s'est-il égaré dans plusieurs routes également dangereuses? Pourquoi la restauration des choses légitimes fut-elle dans tant de pays environnée de tant d'obstacles et accompagnée de tant d'agitation?

Le principe de la légitimité n'avait pas été compris tout de suite dans son universalité historique comme principe conservateur de la société entière; proclamé par les diplomates en faveur des dynasties, il n'était pas également reconnu à l'égard des nations; on maintenait un trône, on déchirait un peuple; en remettant à un roi ses états, on oubliait de stipuler clairement le rétablissement des institutions légitimes. Toutes les paroles respiraient le vœu d'unir étroitement les rois et les peuples, le vœu de bannir à jamais le démon de la révolution en plaçant le génie de la liberté près des trônes; mais la force morale, mais l'énergie de la vertu, mais la foi pure et sincère manquait également aux gouvernants et aux gouvernés pour réaliser une aussi sublime idée. Lorsque enfin la Sainte-Alliance déclara les véritables principes de la légitimité, l'opinion publique était déjà livrée à toutes les agitations de l'esprit de parti.

La discorde, esclave de Buonaparte, a voulu régner après sa chute; elle a pris l'aspect et les traits de la vérité; elle a enflammé toutes les têtes amies de systèmes généraux; trois opinions qui se prétendent infaillibles ont divisé les peuples et les gouvernements eux-mêmes. Les esprits ardents et audacieux que l'expérience de nos révolutions n'a pu corriger demandent que le nouvel ordre légitime soit fondé exclusivement sur de nouveaux pactes, calculés d'après leurs théories; non seulement ils font abstraction de tout ce qui reste debout de l'ancienne Europe, mais ils voudraient même le renverser pour que les nations commençassent entièrement de nouveau leur carrière politique. D'autres esprits, non moins tranchants et obstinés, ne veulent pas s'apercevoir des ruines qui nous entourent; ils ne veulent ménager ni la caducité de tout ce qui n'est pas tombé, ni la fragilité de tout ce qui s'est relevé; ils redemandent en vain les choses légitimes que la faux du temps a irrévocablement moissonnées. La première de ces opinions sape le principe de la légitimité, la seconde en compromet les intérêts; l'une n'accorde rien au bon droit, l'autre refuse tout à la nécessité : toutes les deux, en flattant ou en irritant le génie redoutable de la révolution, tendent à renouveler une lutte déjà trop funeste.

Ces deux partis sont comme l'imagination et la mémoire de la société : l'imagination ne vit que de l'avenir, la mémoire que dans le passé; l'une s'égare dans les nuages, l'autre rêve parmi les tombeaux; l'une a des écarts brillants et dangereux, l'autre des ressouvenirs amers et inutiles.

C'est sous le drapeau de la timide raison

qu'un troisième parti s'avance entre ces deux opinions : il prétend conserver de l'une et de l'autre ce qu'elles ont de sage et de juste; mais, toujours occupé à concilier les souvenirs du passé et les espérances de l'avenir avec les circonstances du moment, le parti qui prétend être celui de la modération et de la politique est souvent entraîné dans une marche incertaine, variable, et susceptible d'interprétations fâcheuses, parcequ'il n'a pu encore s'attacher à des principes aussi rigoureux, aussi décisifs que ceux que l'esprit de système lui oppose : il n'a pu se donner la force morale d'une conviction intime et inébranlable.

Le principe de la légitimité peut seul terminer la révolution; seul il peut en prévenir le retour. Mais il faut le concevoir dans toute cette universalité historique où nous venons de le considérer. Ce n'est qu'alors qu'il devient, par son essence même, le principe pacificateur d'une société agitée, l'arbitre des partis, le médiateur entre l'avenir et le passé.

CHAPITRE XIII.

La légitimité peut tout accorder, pourvu qu'on ne cherche à lui arracher rien ; elle peut céder aux nécessités du temps, pourvu qu'on reconnoisse son droit ; elle peut tout pardonner, elle n'est pas coupable ; tout oublier, elle n'est pas la partie offensante ; tout concilier enfin, car elle réunit au pouvoir suprême une situation indépendante des intérêts de parti : pure dans ses doctrines, elle peut être indulgente dans ses mesures ; sévère envers tout ce qui la combat, elle peut tendre à l'ennemi suppliant une main secourable.

Comment termine-t-on une révolution ? Est-ce par des supplices, des vengeances, des massacres ? Il naît de nouvelles guerres civiles de tous ces flots de sang. Est-ce en déclamant contre l'injustice des bouleversements révolutionnaires ? Une révolution n'est pas une abstraction contre laquelle il suffit d'argumenter ; c'est un événement qui a bouleversé et recomposé la société. Suffit-il de dire à l'ouragan : tu as été injuste ? Il faut rebâtir sa maison abattue; il faut replanter ses champs ravagés; il faut de la raison pour soutenir le droit.

La politique de la légitimité termine une révolution par quatre moyens principaux : elle rétablit ou consolide toutes les légitimités anciennes qui peuvent l'être sans entraîner des inconvénients supérieurs à l'avantage qui résulterait de leur rétablissement; elle légitime, parmi les résultats matériels ou moraux de la révolution, tous ceux qui ne peuvent être écartés sans causer des dangers ou des dommages à la chose publique; elle commande l'amnistie, c'est-à-dire l'oubli civil et politique de toutes les choses révolutionnaires qui n'auront pas été légitimées, ainsi que de toutes les choses légitimes qui n'auront pas été rétablies; enfin, elle imprime à tous les esprits une grande et noble activité qui puisse absorber les passions exaltées, et, en amenant un nouvel état de prospérité et de gloire, faire disparaître tout motif de regret populaire.

Or, ces moyens sont à la disposition du seul pouvoir légitime survivant à la catastrophe commune. Ainsi, en France, qui pouvait choisir avec impartialité ce qu'il fallait conserver ou abandonner entre tous ces débris d'institutions anciennes et récentes dont notre sol politique était jonché? Qui pouvait lier la législation nouvelle aux lois anciennes? rétablir d'une main ferme le pacte social, imprimer à ce pacte le sceau d'une autorité incontestable et se réserver sur son ouvrage un pouvoir tutélaire? Qui le pouvait? Une assemblée? elle serait encore à discuter; un parti? il aurait tout usurpé. Qui le pouvait? le roi. Qui en avait le droit? le seul pouvoir légitime qui survivait à la destruction universelle; et c'était la royauté. Car les trois ordres du royaume, les états provinciaux, les communes, et en général toutes les corporations légitimes de l'ancienne France n'existaient plus de droit, ayant, par pusillanimité ou par esprit de vertige, renoncé solennellement à leur existence et accepté leur part dans les institutions par lesquelles la révolution avait voulu les remplacer. C'est un des avantages de la royauté sur les aristocraties, qu'étant représentée par une famille, et cette famille par son chef, elle peut distinctement maintenir sa protestation permanente contre les pouvoirs usurpateurs ou usurpés. Louis XVIII, n'ayant jamais abdiqué les droits de la royauté, se trouva lors de la restauration le dictateur légitime de la France.

Loin d'abuser de sa position, en trop étendant son pouvoir, la royauté n'en usa peut-être pas assez pour reconstituer la nation d'une manière complète et définitive. La *Déclaration* datée de Saint-Ouen indique tous les principes fondamentaux de la monarchie légitime, toutes les conditions essentielles d'un pouvoir tempéré, toutes les garanties vraiment constitutionnelles d'une sage liberté. Monument éternel des intentions les plus magnanimes, cette déclaration est comme le vestibule d'une série de grands édifices politiques qui encore aujourd'hui, après dix ans, n'est pas achevée. De grands malheurs, nous devons l'avouer, justifient en partie les architectes. Un ouragan venu de l'île d'Elbe renversa leur échafaudage à peine élevé ; plus tard, l'esprit de confusion se mit dans leurs conseils. Les rédacteurs de la *Charte*, selon l'expression d'un des plus habiles d'entre eux, avaient été obligés de « *louvoyer devant les vrais principes*[1] » et la révision de ce code a depuis été tour à tour résolue, annoncée, abandonnée, et enfin entreprise à l'égard de quelques articles. De là des incertitudes, des contradictions, des lacunes graves dans notre droit politique. Pourquoi dissimulerions-nous ces lacunes? Elles ont déjà fait naître des machinations dangereuses tant contre la monarchie que contre les droits de la nation. Ne dissimulons rien! La légitimité ne craint pas la lutte, elle ne craint que les ténèbres.

La première lacune de la nouvelle loi fon-

---

[1] M. le comte DE FERRAND, Théorie des révolutions, IV, 376. Comp. III, 508.

damentale est l'absence d'un chapitre qui eût résumé et concilié entre elles plusieurs anciennes législations relatives à la royauté elle-même. La seule cérémonie du sacre royal exige des dispositions législatives très importantes. Les usurpations, ou, si l'on veut, les erreurs des deux papes qui, en venant couronner Pepin et Napoléon, parurent croire que la couronne de France était à leur disposition, rendent nécessaire une clause qui apprenne aux peuples, aux rois, aux pontifes à regarder comme nulle toute cérémonie religieuse qui n'aurait pas été précédée d'un droit légitime. Ne pourrait-il pas même paraître utile de limiter aux seuls prélats nationaux toute coopération active à cette solennité nationale?

Le serment que prête un roi de France n'est pas une vaine formule; c'est un renouvellement auguste de l'éternel pacte qui subsiste entre la nation et la dynastie; c'est un acte qui place sous la sauvegarde du ciel lui-même les droits légitimes du peuple. En demandant au

peuple « s'il s'engage à se soumettre à ce prince ¹ », l'évêque consacrant atteste que les droits de la dynastie sont fondés sur une volonté nationale primitive. En reconnaissant « que le royaume lui est accordé de Dieu », le roi abjure toute prétention au pouvoir arbitraire et injuste. Promettre « au nom de Jésus-
» Christ, de conserver la paix, d'interdire toute
» rapacité, toute iniquité et d'ordonner partout
» équité et miséricorde ² », n'est-ce pas jurer la constitution? Promettre de « conserver la
» souveraineté, les droits et noblesses de la cou-
» ronne de France, sans les aliéner et transpor-
» ter à personne ³ », n'est-ce pas consacrer le principe de l'indivisibilité du royaume, base matérielle de l'indépendance nationale? Mais à la suite de ces nobles expressions des principes les plus généreux et les plus vrais, nous apercevons une trace de l'intolérance religieuse

---

¹ Cérémonial français, p. 16, 17.
² *Ibid.* p. 15.
³ *Ibid.* p. 33.

dans une partie du serment qui contrarierait le principe de la liberté des cultes reconnu par la Charte. Cette contradiction doit être levée.

L'ordre de succession en lui-même n'offre aucune difficulté. Mais, dans le régime constitutionnel, un roi peut-il être majeur à quatorze ans? Les édits de 1374 et de 1403 forment-ils des lois fondamentales du royaume? Ou devons-nous en revenir au système des Carolingiens et des premiers Capétingiens, qui fixaient la majorité à vingt-un ans, âge que les anciennes lois féodales jugeaient propre pour faire le service des fiefs militaires? L'édit de Charles-le-Sage a été admiré lorsqu'il dit « qu'un roi légitime » est toujours plus aimé qu'un régent; que ses » sujets lui obéissent plus volontiers, et que sa » seule présence suffit pour les contenir; que, » par conséquent, en devançant l'âge de la ma- » jorité, on prévient les troubles qu'une lon- » gue minorité peut faire naître dans l'état[1]. »

---

[1] Recueil des Ordonnances, t. VI, p. 28.

Mais l'édit de 1375 avait établi un régent dont il détermine les droits, ainsi que ceux du tuteur du roi mineur; l'édit de 1403, confirmé par celui de 1407, dit « que le royaume sera » gouverné non par un régent, mais par le » roi mineur et en son nom, par les plus pro- » chains de son sang et par les plus sages hom- » mes de son conseil ¹. » Le sens naturel de cet édit exige l'établissement d'un conseil de régence, formé des princes du sang et des ministres. Comment votera-t-on dans ce conseil ? Le régent y aura-t-il une voix prépondérante ? Sera-t-il responsable comme un ministre, ou élevé au-dessus de toute inculpation comme un roi ? Les exemples prouvent qu'on préfère un régent unique. Son pouvoir était dangereux lorsqu'il disposait des revenus de l'état sans en rendre compte, et lorsqu'il distribuait arbitrairement tous les emplois ². Quoi-

---

¹ Recueil des Ordonnances, t. IX, p. 267.
² Mém. de littérat de l'Acad. des Inscr. tom. L, p. 520.

que les limites constitutionnelles données au pouvoir de la couronne, rendent aujourd'hui ces dangers bien moins grands, l'ambition aristocratique ou la défiance populaire n'en pourrait pas moins être tentée de circonscrire encore les droits d'un régent, de lui imposer des conditions contraires au bien public, et de paralyser ainsi l'action nécessaire de l'autorité centrale. Ajoutons qu'il existe encore sur cette matière deux décrets de l'assemblée dite constituante, décrets qui, n'ayant jamais été abrogés et n'étant pas contraires à l'esprit de la Charte, pourraient être invoqués dans une crise et peut-être servir de point de réunion à un parti. L'histoire de France ne prouve-t-elle pas qu'on peut s'attendre à tout pendant les minorités? La restauration de la monarchie n'est donc pas achevée, tant que la puissance législative n'aura pas solennellement fixé ces points du droit public.

Ces incertitudes de la législation politique menacent les droits et la perpétuité du trône légitime. D'autres anomalies blessent la légitimité dans son honneur en même temps qu'elles vicient la justice dans sa source même. Comment une nation généreuse ne s'indigne-t-elle pas de voir une seule loi de la convention encore subsistante ? Et comment un gouvernement légitime ne rougit-il pas d'entendre ses agens invoquer des dispositions législatives décrétées et promulguées par les juges-assassins de Louis XVI ? C'est méconnaître l'auguste caractère de la légitimité, c'est encore méconnaître la dignité des magistrats et la sainteté des tribunaux que de tolérer un semblable scandale. Comment voulez-vous que le peuple acquière une ferme et vive foi dans les principes de la légitimité, lorsqu'il voit l'autorité de la révolution encore debout dans le sanctuaire des lois ? lorsque, dans les motifs de jugements, il voit les tribunaux forcés de citer les actes des gouvernements usurpateurs, même les plus atroces et les plus ignobles, à côté de ceux de nos monarques légitimes ? lorsque le dévouement des compagnons du dernier exil de la royauté a eu besoin d'être *amnistié* ? Est-il donc si difficile de remplacer ce chaos des lois révolutionnaires par une législation revêtue du sceau de la légitimité ? Buonaparte n'a-t-il pas entrepris ce travail dans l'intérêt de son trône éphémère ? et le gouvernement légitime reculerait devant une tâche que sa dignité lui impose !

D'autres lacunes laissées par la Charte dans notre droit politique n'ont déjà que trop frappé tous les yeux et agité tous les esprits. Les pouvoirs secondaires, tels que les colléges électoraux, les communes, les grands corps civils et judiciaires, ne doivent-ils pas sortir tous formés de la même main qui crée les grands pouvoirs de l'état? N'est-il pas prouvé qu'une assemblée nombreuse et publique ne saurait discuter avec impartialité et avec indépendance cette distribution des pouvoirs où chacun est directement intéressé? N'est-il pas encore évident qu'après de longues révolutions, après le bouleversement de toutes les doctrines, une semblable discussion doit réveiller toutes les discordes mal assoupies? La royauté légitime avait tout droit, et tout pouvoir pour constituer les corps électoraux, les communes, les corps judiciaires et les communions religieuses; la reconnaissance des hommes sages eût justifié cette dictature salutaire. Pourquoi faut-il que le bon et loyal sentiment de la vieille légitimité ait été vaincu par les théories modernes? que plusieurs de ces institutions essentielles soient devenues un objet de débats orageux, d'intrigues ignobles, et même de vociférations populaires?

La légitimité, divinité sociale, doit achever ses créations avant que de se reposer.

Vous livrez aux discussions le système électoral, cette base fondamentale de tout gouvernement constitutionnel. N'était-il pas naturel, n'était-il pas juste que chaque parti et chaque classe fît des efforts pour s'assurer la meilleure part dans ce pouvoir électoral encore à naître, et qui pouvait changer à son gré l'esprit même de la Charte et l'essence de la chambre élective? Qui peut reprocher au parti populaire d'avoir essayé de tirer du silence de la Charte un argument en faveur du vote par tête, de l'égalité politique, et de toutes les institutions qui découlent de ce principe de la *démocratie royale* de 1791, dont il regardait le régime de la Charte comme une continuation? Qui peut, de l'autre côté, reprocher à la noblesse d'avoir cherché, au moyen d'un système électoral aristocratique, à recouvrer sous un autre nom une partie de ce pouvoir politique et civil sans lequel une classe héréditaire distincte n'est qu'un objet de dérision? Ces deux grandes rivalités, nées de la Charte même, étaient légitimes; leur lutte était de bonne foi : pourquoi l'avait-on provoquée? pourquoi l'a-t-on renouvelée jusqu'à trois fois? Il était facile à prévoir qu'elle s'exaspérerait à la longue par l'intervention d'autres intérêts moins bien fondés, intérêts personnels ou factices. Ici, d'orgueilleux serviteurs d'un despotisme éphémère joignent, par désespoir ou par calcul, les bannières de la démocratie; là, des plébéiens, saisis d'une ambition subite, soufflent parmi les rangs de l'aristocratie un esprit de haine contre la liberté politique, si chère à tout véritable aristocrate. Ainsi les mots de *liberté* et de *légitimité*, faits pour une sainte et éternelle alliance, devinrent les symboles des factions ennemies; l'une essayant de replonger la liberté dans les extravagantes illusions de l'anarchie; l'autre avilissant la sublime idée de la légitimité par une association avec le pouvoir absolu, avec la servitude de la pensée et l'oppression des peuples.

Au milieu de ces factions plus ou moins naturelles, on a vu s'élever un troisième parti, plus nuisible encore, parceque, n'étant lié à aucun des grands intérêts qui divisent la société, il les trahit tour à tour et envenime leurs combats sous prétexte de les modérer. Caché derrière la royauté, il essaie de dénaturer ce saint et auguste pouvoir en le compromettant dans des luttes frivoles ou dans des actions iniques. Il ne veut ni de véritable aristocratie, ni de démocratie légitime ; il craint les supériorités morales, les talents indépendants, les associations d'intérêts, les agrégations de forces; il redoute la vie intellectuelle de la société, et s'appuie exclusivement sur le mécanisme administratif, mais il ne sait pas animer ce mécanisme ; il tend sans cesse à produire une administration étrangère à la masse des citoyens, peu amie des lois, dédaigneuse envers l'opinion, servile et perfide envers ses chefs, indifférente sur la légitimité, en un mot incompatible avec ces sentiments d'amour, de confiance et d'honneur qui sont l'âme de toute monarchie légitime. Ce parti, sans appui naturel dans la société, se renverse sans cesse sur lui-même, se dissout, et se recompose de nouveaux individus : il recrute tour à tour le génie et l'incapacité, le zèle et l'indifférence, l'activité et la paresse, pour les engloutir dans sa faiblesse inhérente et dans ses variations perpétuelles ; car ce *ministérialisme,* puisqu'il faut le nommer, dévore rapidement les ministres bons ou mauvais ; c'est déjà un mal, puisque c'est une image de l'anarchie populaire, mais il fait plus, il corrompt les principes même de la monarchie « Ce grand ressort de l'autorité » royale, qui doit se mouvoir aisément et sans » bruit, » comme le dit Montesquieu, remué à chaque instant dans des directions changeantes, heurte tour à tour les autres pouvoirs naturels de la société. Alors le *ministérialisme* est obligé d'avoir journellement recours à ces grandes mesures d'état que la véritable politique réserve pour les cas extrêmes. S'est-il mis en guerre avec l'aristocratie, il essaie d'en changer la composition et l'essence même, en la rendant viagère ou en prodiguant les créations de pairs. Se trouve-t-il menacé par la démocratie, il renverse les systèmes électoraux l'un après l'autre, cherchant en vain à obtenir une représentation obéissante. Ainsi il ôte aux grands le respect du peuple en les présentant comme des instruments de sa volonté ; il ôte à la royauté ces affections populaires qui s'éteignent dès qu'on veut les contraindre. Enfin, quand les grands et le peuple sont devenus indifférents ou mécontents, le *ministérialisme* s'avise de parler, d'écrire, mais personne ne l'écoute. Il demande à discuter sagement; les intérêts sociaux lui répondent : « Il n'est plus temps ! vous nous avez outragés. » Harcelé d'accusations, d'insultes, de provocations, il demande aux lois de le protéger; mais, calme sur son siége immobile, la justice détourne de lui ses regards et étend son bouclier sur les libertés publiques. Abandonné des pouvoirs sociaux, il se jette dans les ressources de l'arbitraire, remède pire que le mal, et qui accélère toujours la mort de celui qui s'y condamne. Soudain, des cendres d'un ministère il en renaît un autre, plus incohérent, plus faible, plus éphémère, et qui, par les mêmes causes, recommence les mêmes errements et marche vers la même fin. Tel est le sort du pouvoir exécutif, partout où les institutions fondamentales, livrées à la discussion, ne lui offrent encore aucun terrain solide. Talent, habileté, zèle, dévouement, faveur, considération, rien ne compense en politique une fausse position. Tel est le résultat des constitutions écrites et non complètes. Sans doute les principes se feront jour. Le *ministérialisme* succombera tôt ou tard sous les coups d'un homme d'état qui saura s'en passer. Débris inanimé d'un despotisme qui n'est plus, ou embryon mort-né d'un despotisme qui n'a pu s'établir, il disparaît, il meurt aux rayons de la légitimité monarchique. Le véritable pouvoir ministériel, digne organe de la royauté, est comme une triple émanation du trône, de l'aristocratie et de la démocratie. Mais pour qu'il naisse, les deux derniers pouvoirs ne doivent pas en être à se former, à se réformer, et même à se combattre.

La boîte de Pandore n'est pas encore fermée ; les luttes des pouvoirs, les convulsions du *ministérialisme*, les agitations de l'esprit de faction, ne doivent-elles pas se reproduire lors des discussions sur l'organisation des communes, question vitale devant laquelle on recule en vain, et qui aurait dû être résolue par le pouvoir créateur? Là encore l'aristocratie et la démocratie viendront lutter pour des intérêts légitimes, que tout système uniforme d'organisation ne pourra que blesser; intérêts dont l'heureuse union, sous des principes d'équité générale, mais sous des formes variées selon les besoins locaux, est une des premières garanties et un des premiers bienfaits d'une monarchie légitime. Car cette monarchie, chef-d'œuvre de la raison humaine, ne doit pas ressembler à une colonne qui élance isolément dans les nuages un front dominateur, tandis que les flots ébranlent sa base fragile; c'est plutôt la pyramide indestructible dont les assises, graduellement rétrécies, s'appuient sur un large fondement : la nation est la base, les communes, les corps politiques, les chambres sont les assises; le trône ne repose en sûreté sur le sommet que lorsque les assises inférieures, assujetties à un niveau parfait, s'élèvent l'une sur l'autre dans les justes proportions.

Un objet plus élevé encore appelle l'attention du législateur. Les communions religieuses voudraient aussi trouver dans la Charte des déterminations plus précises sur leurs droits respectifs et sur cette position entièrement neuve où elles se trouvent, l'une comme établissement national et politique, les autres comme sociétés libres, consacrées par la loi fondamentale. Qu'elle peut devenir grave la lutte de ces intérêts qui en appellent de la loi aux consciences! Lorsqu'un état renferme plusieurs communions religieuses, il ne suffit pas de leur dire qu'elles « obtiennent toutes la même » protection; » la loi fondamentale elle-même doit fixer leurs droits et prérogatives de manière qu'aucune discussion grave ne puisse s'élever entre elles sur ces intérêts temporels. C'est alors que, dans une pleine paix civile, l'esprit de la charité et de la vérité peut opérer des rapprochements plus intimes et plus précieux. Aucune précaution n'est de trop lorsqu'il s'agit d'écarter des querelles théologiques. Si donc vous êtes persuadés qu'il existe des opinions théologiques qui menacent l'autorité de l'état lui-même, vous ne pouvez pas renouveler trop solennellement les doctrines nationales, anciennement destinées à contenir l'autorité spirituelle dans ses bornes légitimes. La franchise seule éteint les disputes. Enfin, le langage de la loi fondamentale doit être précis plutôt qu'élégant ; or c'est comme *église*, comme association extérieure et visible, qu'elle reconnaît une communion religieuse, et l'oubli de ce terme propre fait trouver une thèse historique là où l'on attendait un principe du droit. Si par *religion de l'état* on entend la croyance de la majorité, c'est un fait d'arithmétique ; mais si par *état* on entendait l'ensemble de tous les corps, de tous les citoyens, ceux qui ne professent pas la religion de l'état se trouveraient hors de l'état, hors de la cité, et cependant vous venez dans un article précédent d'assurer à chaque croyance l'égalité des droits. Aussi l'indifférence et l'intolérance s'emparent déjà hardiment de ces expressions : les termes *église* ou *communion* auraient empêché ces tentatives.

Toute loi doit abolir celles qui lui sont contraires ; la Charte l'a fait ; mais combien d'institutions politiques et administratives peuvent sur un point s'accorder avec les principes, et sur un autre y être opposées ! La Charte donne aux citoyens des *juges inamovibles*, et c'est un des principes de la monarchie légitime, déjà démontré par Montesquieu, « que les ministres » du prince ne doivent pas juger les affaires » contentieuses[1]. » Cependant il subsiste une autorité administrative, composée de fonctionnaires amovibles, autorité nécessaire, mais dénaturée, mais profondément et fortement combinée dans le mauvais esprit du système *impérial*, pour mettre à peu près tout agent du gouvernement au-dessus de la loi, pour annuler le pouvoir protecteur de l'ordre judiciaire à l'égard des injustices administratives. La Charte a-t-elle voulu abolir, ou conserver, ou modifier le pouvoir judiciaire du conseil d'état? La France l'ignore.

---

[1] Liv. VI, chap. v et vi.

Combien c'est une chose délicate qu'une loi fondamentale *écrite!* Lorsqu'il est devenu nécessaire de l'écrire, elle ne saurait être impunément incomplète. L'esprit de faction fera parler son silence; chaque lacune est une brèche par où la sédition, la discorde et la corruption essaient d'entrer dans la place. Tout le monde voudra innover. Des ministres peu habiles, en s'efforçant d'étendre le pouvoir royal, l'affaibliront, le compromettront, le rendront vulnérable; des tribuns ambitieux en feront autant à l'égard des libertés publiques; le nom même de la loi fondamentale deviendra un symbole d'opposition, et, refroidis par de tristes débats, les sentiments d'amour et d'honneur, vrais soutiens de la monarchie légitime, s'éteindront ou languiront dans les cœurs les plus généreux. Redisons donc, et redisons toujours cette grande vérité. Le pouvoir légitime, survivant à une révolution, a le droit et le devoir de reconstituer la société, de la reconstituer tout entière, de sorte à ne rien laisser incertain à l'égard des institutions fondamen-

CHAPITRE XIII.

tales et des intérêts vitaux, sans livrer jamais ces objets à des discussions publiques et sans consulter d'autre volonté que la sienne. C'est ainsi que la légitimité relève les trônes; c'est ainsi qu'elle termine les révolutions, en rappelant la véritable liberté.

Se soumettre à cette dictature nécessaire, c'est montrer qu'on sait être libre. Un peuple au contraire qui prétend faire intervenir ses clameurs et ses mille avis divers dans cet acte de restauration, se prépare de longues discordes et peut-être de grands déchirements.

Un pays voisin nous offre le plus heureux exemple d'une restauration achevée sur ce principe. Nulle part les anciennes légitimités n'ont été plus judicieusement rétablies que dans les Pays-Bas; nulle part les obstacles ne paraissaient plus difficiles à vaincre. Différence de langage entre les provinces méridionales et septentrionales, contact d'un catholicisme ardent avec un protestantisme peu tolérant, opposition de l'intérêt agricole à l'intérêt commercial, tout divisait en deux sections distinctes un royaume en apparence uni par la géographie. Pour faire délibérer la nation sur son pacte fondamental, il aurait fallu établir une représentation catholique et française à Bruxelles, une représentation protestante et hollandaise à la Haye. Éviter ce schisme radical, réunir ces deux nations en une seule, conserver l'esprit provincial en créant un esprit national, rattacher de nombreuses et d'actives corporations à un centre protecteur, coordonner l'esprit municipal et républicain avec le pouvoir royal, concilier une noblesse illustre avec une bourgeoisie puissante, marier les saines idées du siècle aux conseils d'une longue expérience, aux habitudes, aux routines même : tel était le problème. Pour le résoudre, il n'a pas fallu de l'esprit, ni de brillantes théories ; il n'a fallu que ce tranquille bon sens qui ne dédaigne pas ce qui est bon parceque c'est ancien. C'est en conservant les anciennes assemblées d'états provinciaux, la division par ordres et l'indépendance des autorités municipales, que les auteurs de la nouvelle constitution ont opéré la fusion de tant d'éléments contraires.(Grâce à la constitution éminemment monarchique et en même temps nationale, élaborée par un austère républicain (feu M. Kemper), un royaume qui semblait voué aux discordes a présenté le spectacle d'une liberté aussi calme, aussi tranquille que forte et imposante.) Nos prétendus hommes d'état pourront-ils seulement comprendre comment il n'y a ni factions, ni opposition systématique, ni presque changement de ministres dans un pays où cependant les états-généraux décident de tout, même de la ratification des traités diplomatiques, droit souverain que le fier sénat britannique ne possède pas? Le descendant des *Nassau*, en revêtant cette charte du sceau de la légitimité royale, a rajeuni tous les souvenirs glorieux qui rattachent les annales de sa famille aux fastes de la liberté batave et belge; c'est toujours le suprême magistrat d'un peuple libre qui n'a fait qu'échanger le titre de *stat-*

houder contre celui de roi ; c'est toujours une race d'Épaminondas et de Décius, assis sur le trône.

CHAPITRE XIV.

CONTINUATION DU MÊME SUJET. — DES SPOLIATIONS.

Nous avons montré que le principe de la révolution française était de violer toute propriété, soit civile, soit politique. Le respect inviolable des propriétés est au contraire un des caractères les plus essentiels du gouvernement légitime.

Il en résulte que la restauration de l'ordre légitime, pour être complète, doit indemniser ceux qui ont été dépouillés de leurs biens en haine de leur fidélité aux choses légitimes.

Mais ce principe, si évident dans sa généralité, ne saurait s'appliquer aux cas particuliers qu'avec beaucoup de distinctions dictées par la justice sociale elle-même. Vous avez levé tous ensemble sur un sol étranger la bannière qui devait rétablir la cité légitime; mais beaucoup d'entre vous ont cédé à de nouvelles réflexions, à la nécessité, à la tentation : les uns ont reconstruit leur fortune à l'ombre d'un gouvernement illégitime; d'autres ont même abjuré la légitimité, et se sont placés dans un ordre politique nouveau; d'autres ont adopté une nouvelle patrie : comment les admettre tous au partage égal des indemnités, ou, pour mieux dire, des récompenses dues à l'héroïsme et à la persévérance ? Plus on apprécie la fidélité, moins on doit en confondre les divers degrés. Mais ces classifications, prescrites par la justice, ne feront-elles pas naître des jalousies, des discordes? La royauté légitime a seule assez de force morale pour être la cour d'équité et d'honneur qui doit diriger cette partie de la restauration.

Si vous avez combattu pour les principes de la monarchie légitime, ne vous donnez pas un ignominieux démenti en acceptant une indemnité prise sur le denier de la veuve et de l'orphelin. La nation n'est pas coupable des spoliations commises en son nom. Les peuples, attachés au sol par la propriété, ne peuvent pas émigrer en masse. La nation n'a rien confisqué, rien vendu, elle n'a conquis aucun royaume, elle n'a détrôné personne ; elle est innocente comme le pavé sur lequel on a marché, et comme le fer dont on a forgé des boulets.

Ne réclamez même rien comme individus ; réclamez au nom de la société, qui a besoin de maintenir, en vous indemnisant, une des plus belles applications du principe de la légitimité. Que la misère de la fidélité soit soulagée par les richesses superflues de l'état ; mais qu'aucune larme nouvelle ne souille le triomphe de la justice sociale. Repoussez des trésors qui vous seraient offerts par l'injustice. Vous savez que *l'or de Toulouse* fit naître la peste.

Les spoliations révolutionnaires comprennent encore ces suppressions de *droits utiles* qui suivent la suppression de la suzeraineté féodale. En principe, aucune autorité ne peut supprimer un droit *utile*, légitimement possédé, sans en donner un équivalent. Mais voici un cas difficile. Une révolution a détruit, sans aucun équivalent, les priviléges qui étaient accompagnés de revenus ; l'autorité légitime, abolie elle-même, recouvre sa force et s'occupe à restaurer la société révolutionnée ; elle ne juge ni sage ni même possible de rétablir ces droits lucratifs : maintenant que doit-elle aux anciens possesseurs de ces priviléges ? Peut-être rien en justice rigoureuse ; mais la légitimité ne se contente pas d'être probe, elle est encore équitable et même généreuse. En organisant de nouveau l'aristocratie, elle favorise dans la distribution du pouvoir et de la considération les familles illustrées par leurs services. Mais il est nécessaire que les membres de l'ancienne aristocratie sachent eux-mêmes prendre l'attitude qui leur convient; non pas celle de courtisans oisifs, de favoris cupides, de caméléons adorant le ministre en place et l'outrageant lorsqu'il est tombé; non pas celle d'humbles accapareurs d'emplois ignobles ou de rustiques tyrans, plongés dans de grossiers amusements; mais celle de citoyens les plus respectables par leurs vertus et leurs mérites, les plus habiles au service de l'état, les plus initiés dans les connaissances politiques, les plus familiers avec tout ce qui concerne les progrès de la civilisation, toujours les premiers à se sacrifier à l'honneur national, au bien public, toujours les derniers à demander des récompenses lucratives. Descendants de chevaliers qui moururent avec saint Louis, voilà comme vous ferez rougir la révolution de vous avoir dépouillés de vos priviléges!

Les spoliations révolutionnaires, suites de la *confédération du Rhin*, présentent un cas très singulier dans l'histoire de la légitimité opprimée. Les théories furent exactement celles de l'assemblée constituante, ce *pandæmonium* de l'illégitimité : ne reconnaître aucun droit ancien, usurper toute autorité, prendre sans équivalent les propriétés politiques, confisquer au nom de la patrie; mais ce furent des rois légitimes qui, sous les ordres de Buonaparte, exécutèrent le pillage. La révolution allemande frappa avec une égale sévérité la haute noblesse *médiate* ou sujette, et les petites maisons souveraines ou *immédiates* qui en étaient sorties. Celle-là, déchue d'un rang politique distingué, tombait sous le niveau de l'esclavage, autrement nommé égalité des droits; celles-ci descendaient au rang des sujets au moment même où les sujets perdaient ce qui leur restait de droits et de priviléges : ces illustres maisons devenaient les vassales des dynasties souveraines, dont elles avaient autrefois marché les égales; en perdant un rang consolidé par des siècles de prescription, elles perdaient en même temps dans leurs droits régaliens une portion immense de leurs revenus particuliers.

Déjà la sécularisation des chapitres et des évêchés avait dépouillé d'une de ses principales ressources cette antique noblesse *immédiate* qui, n'étant vassale que de l'empire en général, tenait une place intermédiaire entre l'état de souverain et de sujet : classe respectable par ses principes chevaleresques; classe d'où sont sortis les Hutten, les Dalberg, les Stein, les Metternich, les Rechberg[1]. Blessés dans leur honneur comme dans leurs intérêts, ces nobles et ces princes *médiatisés* pouvaient-ils être consolés par des grands cordons et des clefs de chambellan? Dès qu'il a été question d'introduire des gouvernements représentatifs, tous ces ci-devant souverains sont naturellement devenus les principaux membres d'une opposition qui, en échange de toutes ses pertes, réclamait un très grand pouvoir constitutionnel. On a long-temps vu, dans le Wurtemberg,

---

[1] *Voyez* Moser, les États et Ordres de l'empire; Püttlr, et d'autres publicistes.

cette haute aristocratie se réunir contre la royauté avec un clergé et avec une bourgeoisie qui défendaient aussi des priviléges anciens, et qui invoquaient la sainteté, la légitimité des anciennes conventions entre le prince et le pays. Le peuple, doué d'une grande équité naturelle, s'est dit : « Nous avons nos libertés à défendre ; nos rois ont leurs droits légitimes ; les princes *médiatisés* et les nobles mêmes n'en ont-ils pas aussi ? La simple spoliation, opérée par ordre de Napoléon, peut-elle transférer aux souverains actuels tous les droits honorifiques et utiles que possédaient tant d'illustres familles ? Qui oserait le soutenir ? » Cependant le second congrès de Vienne décida qu'aux souverains seuls appartiendrait le droit de donner à leurs peuples les constitutions promises. Ce fut une occasion pour la légitimité royale de réparer, autant que les circonstances le permettaient, les spoliations révolutionnaires.

Le roi paternel qui gouverne la *Bavière* donna l'exemple le plus glorieux ; il établit spontanément lui-même les états-généraux de son royaume sur la base de quatre *ordres* de citoyens existants; il réunit, dans une *chambre des sénateurs,* les anciens princes souverains et les plus grands propriétaires territoriaux de la noblesse. Il a joint à cette pairie héréditaire plusieurs grands dignitaires et quelques membres du haut clergé, tant catholique romain que luthérien; il a ensuite distribué le pouvoir électoral de manière à y faire participer toutes les fractions du peuple, mais en marquant la distinction des nobles, du clergé (y compris les universités), des bourgeois et des villageois.

La constitution du royaume de *Wurtemberg,* qu'un jeune roi couronné par la victoire a voulu négocier avec les représentants de son peuple, offre à très peu de choses près les mêmes éléments que celle de Bavière : les anciens princes souverains figurent de même dans la pairie; mais le clergé luthérien a une plus grande part à la représentation, chose toute simple, puisque ce même corps jouissait d'une grande prépondérance dans l'ancienne constitution du duché de Wurtemberg. Mais la constitution wurtembergeoise n'a pas satisfait les anciens princes de l'empire; la chambre haute n'a pu encore se constituer. N'aurait-il pas mieux valu, pour le bien commun de tous, de s'en rapporter aux décisions d'une dictature royale? Ces nuages disparaîtront, et la haute noblesse de l'ancien empire deviendra dans tous ces nouveaux états la plus solide colonne des libertés publiques.

CHAPITRE XV.

CONTINUATION DU MÊME SUJET. — LES AMNISTIES.

—

Pardonner est l'attribut le plus céleste de la puissance suprême légitime. Quel besoin de se venger une puissance perpétuelle pourrait-elle avoir? « Tout doit céder à ma durée, se dit-elle: j'ai les siècles pour alliés; que me font les erreurs de quelques êtres éphémères? » Mais les puissances illégitimes sont impitoyables par crainte. La révolution française n'a jamais pardonné; blessée à mort, elle s'est relevée dans sa tombe, et a juré encore une fois haine aux Bourbons!

L'idée d'un pardon diffère encore essentiellement de celle d'une amnistie. L'un est un acte de pure clémence, l'autre une mesure politique. L'amnistie, dans son sens véritable, est un compromis entre deux parties d'une même nation, qui, long-temps divisées sous des lois et des bannières différentes, annulent et mettent dans un éternel oubli toute prétention réciproque, incompatible avec le nouveau pacte social qu'elles vont former. Non seulement les parties contractantes renoncent à venger toute offense qu'elles ont reçue, elles renoncent même à faire valoir d'une manière humiliante, pour l'une ou l'autre d'elles, le mérite que les individus ont pu acquérir dans la guerre civile. Fidèle ou rebelle, tout citoyen fait à la patrie le sacrifice politique de ses souffrances, de ses exploits, de ses services et de sa gloire.

Tel fut l'esprit de la fameuse *loi d'amnistie* décrétée par le peuple d'Athènes après l'expulsion des trente tyrans. « Il ne sera plus fait mention du mal passé, et on ne donnera à personne l'épithète de bon ni de mauvais citoyen[1]. » L'histoire connaît plusieurs autres amnisties dans les républiques de la Grèce, où les chances de la fortune ramenaient si souvent ceux qui avaient été frappés de la peine très commune du bannissement. La moins formelle, mais la plus solide de toutes, fut celle que Timoléon proclama dans la Sicile, après en avoir chassé les tyrans ou après les avoir livrés à la fureur du peuple. Semblable à Washington, ce grand homme eut le bonheur de pouvoir maintenir, pendant sa vie, l'œuvre de sa valeur et de sa prudence.

César, victorieux du parti du sénat, publia une liste d'amnistie dont les exceptions paru-

---

[1] Andocid., *De mysteriis*, p. 12.—Æschin., *in Ctesiph.*, p. 83. — Suidas paraît en citer un autre fragment où il est défendu « aux enfants des parents condamnés de dire *si les lois sont justes ou injustes.* »

rent d'abord dictées par la vengeance. Le prince des orateurs eut souvent occasion d'essayer la puissance de son talent sur la grande âme de l'usurpateur. « Pensez, lui disait-il, que » la plupart des individus ne se jettent pas dans » la guerre civile par cupidité ni par férocité, » mais par ignorance de l'état des choses, par » de vaines et fausses craintes[1]. » Après la mort de César, les mêmes idées philosophiques furent produites par Cicéron dans le sein du sénat; il y proposa un véritable acte d'amnistie à l'exemple des Athéniens : « Ensevelissons » dans un éternel oubli la mémoire de nos discordes, » s'écriait-il[2]; et Antoine lui-même parut seconder sa proposition. Mais la question de la validité des *Chirographa* de César souleva biéntôt les hommes enrichis par ces actes subreptices. Au lieu d'une amnistie, les tables de proscription annoncèrent les funé-

---

[1] Cic., *Orat. pro Marcello.*
[2] Id., *Philipp. I.*

railles de la liberté. Quand Lépide, après tant de massacres, suggéra l'idée d'une amnistie, Octave, selon Suétone, s'écria : « J'ai cessé de » proscrire ; mais il m'est toujours libre de re- » commencer. »

L'histoire de l'empire romain indique une amnistie mémorable publiée par Aurélien après l'extinction de cette foule d'usurpateurs qu'on est convenu d'appeler les trente tyrans. Elle est peu connue en détail. Cependant Aurélien, redouté à cause de son inflexible sévérité, posséda au moins un des avantages nécessaires à celui qui veut pardonner, l'oubli des discordes et des crimes : il ne pouvait pas être soupçonné de craindre ceux auxquels il pardonnait. Un exemple presque unique dans l'histoire prouve à quel point l'autorité de ce restaurateur de l'empire était consolidée. Rome vit deux ex-prétendants à l'empire, deux souverains détrônés, vivre en simples particuliers sous les lois d'Aurélien.

Veut-on connaître des amnisties trompeuses, veut-on voir la perfidie levant une main pour jurer la paix sur les autels et cachant de l'autre main le poignard aiguisé et prêt à frapper, veut-on voir la générosité et l'intérêt également déçus dans leurs espérances par les passions ardentes, ingrates et implacables, il faut lire l'histoire des républiques italiennes.

L'amnistie proclamée, en 1594, par le premier des Bourbons, parut sous des augures heureux. La ligue n'avait pas combattu contre le principe de la légitimité; elle avait hésité sur la personne du prince légitime. Tout en méconnaissant les droits de Henri IV, la ligue soutenait un des anciens principes de la monarchie, l'unité religieuse. Le vainqueur de Paris, le héros d'Ivry, en passant au culte de la majorité, avait cédé au vœu national. Il y avait eu des concessions de part et d'autre. L'acte d'amnistie les rappelle en termes exprès. Tout paraissait assurer la paix civile : cependant le fanatisme implacable aiguisait en silence le poignard de Ravaillac.

CHAPITRE XV.

L'amnistie européenne de 1814 avait réconcilié les partis, et même les nations, en les assujettissant au joug commun d'un nouveau pacte, d'un nouveau droit public. Le premier retour du roi, au mois de mai 1814, avait offert à la France attendrie, à l'Europe étonnée, le spectacle d'une grande révolution politique consommée d'une manière si paisible, si douce, qu'aucun intérêt, même illégitime, ne se vit immolé qu'à des nécessités politiques absolues; que l'erreur et le crime même, pour peu qu'ils voulussent sentir ou feindre du repentir, pouvaient, avec raison, bénir le triomphe de la vertu et de la justice. Tous les partis, toutes les opinions, tous les états de l'Europe, sortaient d'une lutte épouvantable sans humiliation, ou du moins sans désespoir. Tous voyaient s'ouvrir devant eux un avenir consolateur, et même les espérances ambitieuses, arrêtées dans leur essor, gagnaient en stabilité ce qu'elles perdaient en étendue.

Le roi de France avait voulu sagement mettre dans un éternel oubli les événements antérieurs à la restauration. En effet, qu'est-ce que la révolution? Une série d'égarements dont la France n'est pas seule coupable, où les gouvernants ont eu plus de part que les gouvernés; une série d'événements extraordinaires qui ne sont pas le résultat de telle trame, de telle sédition, mais le produit combiné du déchaînement de toutes les passions, de la peur et de l'audace, de l'enthousiasme et du calcul, de la brillante ambition et du sordide égoïsme, tous subordonnés au principe de l'illégitimité. Il est impossible à aucun parti de faire le procès à la révolution, sans s'exposer lui-même à des reproches. Mais la révolution était terminée en 1814; l'oubli de tout ce qui avait précédé la restauration ne s'étend pas aux crimes par lesquels, postérieurement à cette époque de réconciliation, on a voulu renverser l'ordre légitime. La révolte du 20 mars est un crime à part qui ne pouvait ni être enveloppé dans l'oubli du passé, ni être reproché indistinctement aux hommes de la révolution; car si, parmi ceux-ci, il y en a eu quelques uns qui aient servi fidèlement le roi et la patrie depuis le mois de mai 1814, ou qui, du moins, soient restés exempts de toute faute, ils sont de bons citoyens aux yeux de la loi et dans le sens de la charte royale. Ce que l'on doit voir dans cette fatale insurrection d'une soldatesque effrénée, ce n'est pas telle ou telle doctrine sur la constitution de la monarchie française; c'est un attentat armé contre le traité de Paris, premier fondement du nouveau droit public de l'Europe; c'est une nouvelle proclamation de l'illégitimité, de l'empire de la force, du règne des baïonnettes.

Rechute terrible de l'esprit révolutionnaire! rechute qui, pour un instant, pouvait faire craindre l'établissement du despotisme dans toute l'Europe! Et voilà pourtant ce que l'inépuisable clémence du roi a pu pardonner, à l'exception d'un petit nombre de punitions, tombées sur quelques chefs!... La légitimité seule pouvait impunément risquer un acte aussi généreux; et peut-être a-t-elle outre-passé les limites de la générosité ; peut-être les Lucullus de la révolution, complices de ce nouveau crime, auraient-ils dû payer de tous leurs infâmes trésors les calamités de la seconde invasion étrangère ?

L'oubli des discordes civiles est un des prodiges les plus rares de l'histoire. Ce qui le rendait difficile en France, c'est d'un côté la gloire militaire qui avait environné l'usurpation, de l'autre les souvenirs héroïques de la Vendée. Il en naissait, pour ainsi dire, deux principes d'honneur, opposés et en apparence irréconciliables.

Un maréchal, nous a-t-on dit, et un des héros vendéens étaient un jour auprès d'un prince chéri des braves. « Quels sont les motifs, » leur dit ce prince, qui entretiennent une » sorte de froideur entre deux guerriers qui » nous servent avec la même ardeur et qui » nous sont également chers? »

« Mon général, dit le Vendéen, un seul in-
» térêt et un seul dévouement anime aujour-
» d'hui les soldats de Charette et les soldats de
» Buonaparte, réunis sous vos drapeaux. Ce
» qui quelquefois nous éloigne les uns des au-
» tres, c'est l'idée différente que nous nous fai-
» sons de la vraie gloire. La patrie aux yeux des
» Vendéens n'est pas le sol, c'est la royauté lé-
» gitime, c'est la dynastie des Bourbons ; ce sont
» nos autels et nos lois. C'est pour cette seule
» patrie légitime qu'on a pu se battre avec gloire:
» et pourtant... Je ne parle pas de notre pau-
» vreté; elle fait partie de notre gloire : nous
» passons sans regret devant les châteaux de
» nos aïeux, occupés par de nouveaux maîtres;
» nous pouvions naguère en ressaisir la posses-
» sion, et nous n'en avons pas seulement eu la
» pensée, tant nous respectons la charte royale!
» La monarchie légitime est rétablie, voilà la
» seule indemnité que demandait la Vendée.
» Mais un plus noble chagrin soulève notre
» âme; une opinion injuste cherche encore à
» ternir nos exploits; une ombre jalouse obs-

» curcit les noms de nos braves; les places pu-
» bliques, les monuments, les honneurs, ne
» nous parlent que de cette fausse gloire ac-
» quise sous les drapeaux de l'illégitimité. Le
» vieil honneur français en soupire quelquefois
» au fond de nos cœurs, et nous nous deman-
» dons : Sommes-nous encore des brigands ? »

«Mon prince, répliqua le maréchal, ce sont
» précisément des sentiments semblables que
» souvent nous sentons agiter nos cœurs, nous
» qui, croyant défendre la patrie, avons servi
» avec éclat, avec dévouement, un gouverne-
» ment illégitime. Nous repoussons jusqu'à la
» pensée qui blesserait notre honneur. Les
» principes que nous nous étions créés n'é-
» taient pas ceux d'un vil révolutionnaire. Une
» dynastie, disions-nous, possède légitimement
» le trône; mais la nation possède aussi légiti-
» mement son territoire, sa liberté, sa puis-
» sance, sa gloire. Une révolution renverse la
» dynastie légitime; anathème national sur les
» coupables auteurs de ce crime ! Mais parce-

» qu'une institution légitime est anéantie, faut-
» il abandonner toutes les autres? parceque le
» trône s'est écroulé, faut-il que tout le reste
» de l'ordre social s'écroule sous la hache de l'a-
» narchie, sans qu'aucun bras ne le défende?
» parceque la rébellion sanglante est assise sur
» les débris du palais de nos rois, faut-il ouvrir
» à l'ennemi nos frontières humiliées, et livrer
» à l'invasion la terre sacrée de nos aïeux? par-
» ceque le roi, le père de la patrie, est tombé
» sous un fer assassin, faut-il laisser tomber la
» patrie sous le glaive homicide de l'étranger?
» Non, il faut servir, il faut sauver, il faut
» honorer la patrie, même sous un gouverne-
» ment usurpateur. La nature le veut, l'hon-
» neur l'ordonne, le principe bien entendu de
» la légitimité nous y autorise. »

« Mes amis, leur dit le prince, vous êtes
» dignes de vous aimer, de vous chérir l'un
» l'autre. Vos motifs, quoique divers, sortaient
» de la même idée consciencieuse, de défendre
» ce qui vous paraissait former la véritable

» patrie. Cruelles révolutions, qui, en séparant
» les choses légitimes, placent l'honnête homme
» entre deux sacrifices, et souvent même ne lui
» en laissent pas le choix! Aujourd'hui, le roi
» et la patrie sont ensemble : rien ne peut donc
» vous désunir, si vous consentez à oublier tout
» ce qui vous séparait et qui n'existe plus. Union
» et oubli, voilà ce que vous demandent le roi,
» les Bourbons, tous les héritiers de ce trône
» français, que vous avez tous les deux dé-
» fendu, l'un contre l'invasion étrangère, l'au-
» tre contre la tyrannie domestique. »

La légitimité, qui seule pouvait concilier la France avec elle-même, était aussi la seule condition à laquelle l'Europe victorieuse pouvait deux fois abjurer la vengeance de ses humiliations inouies, et souffrir que la France reprît un rang élevé parmi les grandes puissances. Toutes les raisons de la politique ordinaire provoquaient un démembrement considérable du territoire français. Les armées criaient à leurs chefs : « N'abandonnez pas le prix de notre sang !

» Assurez les fruits de notre victoire! Faut-il en-
» core attendre une *troisième guerre punique!* »
Les peuples criaient encore plus haut : « Il
» nous faut enfin une garantie contre l'ennemi
» commun, contre ce peuple conquérant. Qu'il
» subisse la loi du talion ! » Mais une pensée
plus élevée triompha dans les conseils des
rois. Les descendants de Henri IV étaient nécessaires à l'Europe, et une dynastie légitime
rétablie balançait aux yeux des monarques
l'appât de conquêtes plus étendues.

L'Europe ne s'était pas trompée, et le drapeau de Henri IV, flottant sur les tours affranchies de la noble Castille, a montré quel puissant appui la grande alliance avait acquis dans
ces armes, naguère son effroi. Cet appui sera
durable si les véritables principes de la légitimité, indiqués dans le pacte de la sainte alliance, parviennent à être complètement appréciés par l'opinion publique de France; si la
nation française arrive à la conviction que la
liberté, objet de ses vœux, ne peut grandir et

se consolider qu'à l'ombre de la monarchie légitime.

La philosophie politique doit achever l'union de l'Europe; en fixant les principes dans leur pureté, en écartant les doctrines corrompues ou exagérées, elle doit pacifier les esprits. La clémence a déjà tout fait, du moins en France, pour rassurer les intérêts, même ceux que les amnisties ordinaires proscrivent.

CHAPITRE XVI.

LES RÉGICIDES D'ANGLETERRE ET CEUX DE FRANCE.

C'était, en 1660, une sombre matinée d'hiver; l'Océan roulait contre les rochers de Cornouailles tous ses brouillards et tous ses flots : un bâtiment, caché parmi les rochers, attendait deux fugitifs; c'étaient *Whaley* et *Goffe*, généraux de Cromwell et juges de Charles I. Ces hommes, dont naguère l'Angleterre redoutait le nom et la puissance, ne sont accompagnés que d'un petit nombre d'amis et de parents, qui, après leur avoir dit un éternel adieu, s'enfuient rapidement, de crainte d'être trahis par les clartés naissantes du jour. La voile humide et à moitié gelée crie sous le vent qui l'enfle, et la barque noirâtre disparaît parmi les vapeurs accumulées sur la mer.

Les régicides descendent avec précaution sur les rivages solitaires de Massachussets ; ils rencontrent cependant dans cette colonie des magistrats imbus de leurs doctrines ; ils y trouvent un asile : le peuple voit ces grands coupables prier dans les églises et participer aux mystères de la communion. Mais la nouvelle de l'avénement de Charles II change bientôt l'aspect des choses ; les autorités de la province n'osent plus les protéger, elles les aident à fuir. Les habitants de Connecticut les ont accueillis, mais bientôt le supplice de plusieurs juges de Charles I, décapités à Londres, effraie même cette province républicaine ; les régicides eux-mêmes exigent qu'on les cache dans une caverne, connue seulement d'un petit nombre de personnes ; c'est là que de leurs mains ils se préparent une sorte de sépulcre anticipé ; pas un rayon de lumière ne perce dans cette demeure souterraine; l'air n'y circule que difficilement, et ce n'est que dans les ombres de la nuit que les deux coupables sortent pour respirer; alors, seuls avec Dieu et la nature, ils se prosternent en lisant à basse voix les prières de l'église et les saints Évangiles. Mais au moindre bruit dans les feuillages qui annonce l'approche d'un être vivant, ils rentrent dans leur tombeau. Quelques affidés, animés par le zèle de secte, leur offrent de temps à autre un asile moins affreux; ils voyagent dans les nuits les plus sombres d'un presbytère à l'autre, mais ils n'osent s'arrêter nulle part, tant étaient sévères les poursuites qu'exerçaient les troupes royalistes. La caverne de *Providence-Hill* les reçoit de nouveau; lassés de mourir tous les instants, ils se dénoncent eux-mêmes au gouverneur; ils lui offrent leur tête, ils désignent le lieu de leur retraite : le gouverneur, par générosité ou par des motifs politiques, ne fait aucun usage de ces renseignements.

Cependant les Indiens, plus ardents à la poursuite que les royalistes, animés du féroce espoir de vendre au poids de l'or les cadavres de ces proscrits, découvrent la caverne. Les régicides avaient eu l'adresse de se soustraire; ils s'enfoncent dans les forêts les plus épaisses, ils atteignent dans la nuit un presbytère solitaire. C'est là qu'ils purent enfin terminer leur existence misérable. La pitié des royalistes s'émut à l'aspect de ces vieillards, couverts de haillons et absorbés dans des actes de dévotion. On répand qu'ils ont disparu; ils traînent encore dans un profond isolement quelques restes de vie. Une cave du presbytère reçoit leurs cercueils [1].

Tel fut le sort des régicides anglais. Voyons quel a été celui des nôtres.

---

[1] Hutchinson, History of Massachuset. Stiles, History of the judges of Charles I.

C'était, en 1814, une belle journée de printemps : les chemins étaient jonchés de fleurs ; partout des chants de joie. Le peuple de la capitale accourt au-devant des Bourbons : ces princes saluent avec ravissement leur patrie et leurs concitoyens; ils sont heureux de lire sur tous les visages l'espoir d'une ère de bonheur. Quelles sont, au milieu de ce spectacle touchant, ces physionomies chagrines, ces regards hautains, ces gestes dédaigneux? C'est l'aristocratie du régicide; elle examine si elle doit reconnaître les Bourbons : les uns consentiraient à venir offrir à Louis XVIII une main fumante du sang de son frère; les autres, après avoir rampé tant d'années sous un usurpateur, sont frappés de la nécessité des garanties contre la dynastie légitime; tous sont d'accord sur un point, c'est de conserver les honneurs et les traitements, fruits de tant de *travaux* et de tant de *services!* Bientôt ils s'indignent de ne pas être honorés et favorisés; ils osent justifier dans d'insolents écrits ce vote criminel dont le roi commandait le généreux oubli; ils censurent, comme trop peu *libérale*, cette Charte qui leur a fait grâce de la vie; ils viennent se grouper autour de la seconde usurpation, et proscrivent de nouveau la dynastie légitime. Tout cela reste impuni. Bien plus, un chef des régicides s'assied dans le conseil du monarque; c'est lui qui préside à la seconde restauration, c'est lui qui *amnistie* les émigrés de Gand, et c'est encore lui qui se flatte de diriger une chambre des députés, animée d'un zèle ardent et pour la royauté et pour les libertés publiques. C'en était trop! L'honneur français refuse de respirer le même air avec des assassins; ceux des régicides qui avaient renouvelé leur pacte avec le crime franchissent enfin la frontière. A peine leurs chars, s'enfonçant sous le poids de l'or, ont-ils touché la terre de l'exil, que la trahison, sous le masque de la pitié, essaie de soulever l'opinion pour demander leur grâce. O morale publique! Ces «*infortunés vieillards*» qui ont fait mourir leur roi trouvent à la tribune nationale des orateurs qui déplorent leur sort! Ne dirait-on pas qu'ils sont dans les fers, sous le glaive, errant dans un désert aux limites du monde? Ils jouissent de leur vie, de leur liberté, de leur fortune ; ils se promènent presque aux portes de Paris. Enhardi par les vacillations du pouvoir, leur parti demande hautement quand le roi les rappellera... *Jamais,* répond sa justice ; mais sa clémence ajoute : *Demain.* Ils revoient donc encore le sol français ; c'est tout au plus si l'on défend aux révolutionnaires de leur faire une réception publique. Quelques uns reviennent pour mourir tranquillement dans leurs palais, sur la pourpre, sous des lambris dorés ; un pompeux enterrement étale leurs armoiries et leurs titres. Faites place, peuple fidèle ; laissez passer le cortége funèbre d'un homme qui fit mourir son roi. Où porte-t-on ses restes ? dans une fosse à chaux? Non ; dans un mausolée.

Tel fut le sort des régicides français. Sans doute, une haute politique guida cette inépuisable clémence des Bourbons. Il eût été si beau de voir le crime repentant tomber aux pieds de la vertu ! Il eût été si grand de pouvoir dire : La légitimité peut tout puisqu'elle a pu pardonner à ces hommes ! En effet, ces idées ont ému la partie la mieux pensante de la France; elles auraient produit un grand bien moral, si la seconde usurpation ne fût intervenue. Quelques uns des juges de Louis XVI ont montré l'exemple imposant et salutaire d'une pénitence sincère; ils ont imploré au pied des autels la miséricorde divine; la charité a pu espérer qu'il leur sera permis dans un autre monde de recevoir le pardon de leur auguste victime.

Mais, au total, la cause de la légitimité n'a pas été soutenue en Europe par un ensemble régulier de récompenses et de peines. Les mêmes erreurs ont été traitées diversement; les hommes qui avaient fait partie de la même conjuration, coupable ou généreuse, ont éprouvé le sort le plus contraire: celui-ci est prêt à monter au trône, celui-là meurt sur l'échafaud. La persécution a chassé de rivage en rivage quelques patriotes exagérés, les cachots ont englouti quelques rêveurs en délire, et ce que l'usurpation voyait ramper à ses pieds avec le plus d'abjection est élevé aux grandeurs ou comblé de richesses. Ne parlons pas du mérite, du talent, du génie; ils aiment la solitude. La légitimité de la vertu et du génie n'est-elle donc pas nécessaire à un ordre politique fondé sur les principes de la sainte-alliance? On a paralysé par ces fautes un grand ressort moral, le sentiment de la justice sociale. Il n'est pourtant pas brisé! cela est au-dessus du pouvoir des mortels.

CHAPITRE XVII.

ACCORD DE LA MONARCHIE LÉGITIME AVEC LE SYSTEME REPRÉSENTATIF.

Unir les intérêts du trône et ceux de la nation, les droits des gouvernements et ceux des gouvernés dans un seul faisceau indissoluble, tel est le but de la monarchie tempérée ou mixte, aujourd'hui dominante dans la partie la plus civilisée de l'Europe.

Mais un terme abstrait, emprunté au dictionnaire de la métaphysique révolutionnaire, est venu épouvanter quelques amis de la monarchie. *Système représentatif!* mots scientifiques, mots nouveaux; voilà une des prétendues conquêtes du siècle! Si dans ce système chaque citoyen d'un grand état doit être représenté par un mandataire au choix duquel il aura concouru, si l'assemblée de ces représentants doit être censée investie de la souveraineté, c'est une mauvaise démocratie, son président s'appelât-il roi. Mais si tous les intérêts communs et variables de la société y sont représentés par des députés librement choisis, si une élite héréditaire de citoyens nobles et puissants y représente les intérêts permanents de l'état, si un roi héréditaire et légitime réunit dans sa personne la représentation du pouvoir suprême immuable à celle du pouvoir exécutif, c'est une bonne et forte monarchie, comme l'est l'Angleterre, et comme le sera un jour la France. Laissons là les mots et approfondissons les choses.

Consulter les hommes sages de la nation

est un des caractères mêmes d'un gouvernement légitime. Le despote, qui ne voit rien hors de lui, prend conseil de ceux qui partagent les délices de sa cour et qu'il comble des trésors enlevés à l'industrie; ce *divan* avise à défendre jour pour jour un pouvoir qui est constamment en position hostile au milieu des intérêts sociaux lésés et des libertés publiques opprimées. La légitimité, maîtresse d'une autre position, a besoin d'autres conseils; elle s'environne d'abord d'hommes initiés aux secrets de l'état et versés dans les affaires, pour fixer toutes ses volontés avant de les livrer à la connaissance du public. Dans ce conseil secret, liberté plénière des opinions, franchise entière du langage, indépendance absolue de chaque membre; point de favori, point de premier ministre qui domine les avis ou qui tranche les discussions. C'est au ministère exécutant qu'appartient l'unité de pensée, d'action et de responsabilité; là, une opposition serait aussi coupable que dans le conseil préparatoire elle est légitime et salutaire. Avec ces deux principes bien organisés, on ne verra jamais les dépositaires de l'autorité royale se livrer des combats publics qui, sans parler du scandale, ont le funeste résultat de trahir aux yeux du peuple et des puissances rivales un secret désordre dans les premiers organes du pouvoir royal.

Les saintes Écritures donnent aux rois et à tous les gouvernements légitimes les plus admirables préceptes sur le mode de composer et de conduire leur conseil secret. « L'âme d'un » homme de bien vous instruira de la vérité » mieux que ne le feront sept sentinelles placées » sur autant de lieux éminents pour tout dé- » couvrir et pour vous rapporter des nouvelles[1]. » Un conseil secret n'ayant d'autre but que de dérouler sans danger aux yeux du roi ou du chef du gouvernement l'état véritable et complet de ses affaires, les hommes de bien doivent avoir

---

[1] Eccles., XXXVII, 15.

le droit d'y élever une voix accusatrice lorsque la conscience le leur ordonne. Les livres saints contiennent encore les maximes les plus profondes sur le choix des conseillers. « Ne traitez point de religion avec l'impie, ni de la justice avec l'injuste ; ne consultez point les cœurs timides sur la guerre, ni celui qui trafique sur le prix du transport des marchandises, ni sur la valeur des choses à vendre celui qui a le dessein de les acheter, ni les envieux de quelqu'un sur la récompense que vous devez à ses services. N'écoutez pas le cœur dur et impitoyable sur la largesse et sur les bienfaits, ni sur les règles de l'honnêteté et de la vertu celui dont les mœurs sont corrompues, ni un serviteur paresseux sur les ouvrages qu'il faut entreprendre. »

Voilà pour le choix des conseillers : mais il faut encore qu'un monarque habile inspire à ceux à qui il demande la vérité le courage de la lui dire. C'est dans ce sens que l'Esprit-Saint blâme les princes qui repoussent les avis sincères. « L'insensé n'écoute pas les discours pru-

» dents; il ne vous prête pas l'oreille si vous ne lui
» parlez selon ses pensées ¹. » L'Écriture a déjà
peint ces cours d'où la vérité est bannie, ces
cours où l'on dit aux voyants, « Ne voyez pas ! »
et à ceux qui regardent, « Ne regardez pas pour
» nous ce qui est droit; dites-nous des choses
» agréables, voyez pour nous des illusions². »
Un roi légitime dans l'Europe chrétienne trouve
ainsi dans les seules pages du livre divin toute
la politique nécessaire pour former son conseil secret et pour profiter des avis sincères. Or
cette politique est précisément celle qui répond
à toutes les conditions d'un véritable système
représentatif. Un roi qui ouvre à la vérité la
porte de son cabinet n'aura jamais à craindre
que les factions enfoncent celles de son palais.

Quelque bien élaborée qu'elle ait été dans
le conseil secret, l'opinion du gouvernement
ou du monarque, avant d'être changée en loi

---

¹ Proverb., XVIII, 5. — ² Isaïe, XXX, 10.

exécutive, a besoin d'acquérir le puissant appui de l'opinion nationale, ou, pour mieux dire, de se fondre avec celle-ci ; c'est là un des buts essentiels de ce qu'on appelle le gouvernement représentatif, ou, pour parler à la fois plus monarchiquement et plus populairement, des conseils nationaux publics. Comment cette nécessité pourrait-elle avoir quelque chose d'humiliant pour un monarque légitime ?

Les conseils nationaux représentent les intérêts permanents ou variables de l'état; il ne faut pas y voir des individus qui expriment une opinion personnelle : c'est la religion, c'est la morale, la justice, la liberté, qui examinent les propositions faites au nom du monarque; c'est l'agriculture, l'industrie, le commerce, la civilisation, qui veillent sur leurs intérêts respectifs ; c'est le pouvoir aristocratique et le pouvoir démocratique qui, en maintenant leur balance mutuelle, conservent l'équilibre du gouvernement. Dans ce balancement des pouvoirs et des intérêts, tout doit suivre une commune loi, celle de la raison, de la vérité, de la nécessité politique. Est-ce qu'un souverain, exempt par les lois fondamentales de toute délibération publique, pourrait désirer de soustraire ses résolutions à l'empire de la raison, de la vérité, de la nécessité? Le monarque le plus absolu ne le voudrait pas; il cherche seulement par d'autres moyens à déterminer ce qui est raisonnable, vrai et nécessaire. Ce qui se passe dans les états constitutionnels ou représentatifs est donc absolument la même chose que ce qui se passe dans une monarchie absolue, chrétienne et bien gouvernée, aux formes et à la publicité près.

Mais quel pouvoir a le caractère le plus auguste, celui qui ne pèse que dans le cabinet les motifs de ses résolutions, ou celui qui, après cette première épreuve, ose encore livrer à tous les regards ses pensées secrètes, défier la censure libre d'un public éclairé, et faire juger une seconde fois par des arbitres indépendants ce qui a d'abord été jugé par des amis véridiques?— La raison ne saurait hésiter; elle se prosterne devant le pur, l'immense éclat d'un trône à la fois légitime et constitutionnel. Mais c'est l'ouvrage délicat de l'intelligence, c'est le lent ouvrage des siècles.

Sans doute, dans le cas du rejet des propositions importantes, l'initiative immédiate de la couronne peut paraître une source de désagréments personnels pour le monarque; mais aussi ce mode d'initiative est-il inhérent à la monarchie légitime? Est-il même dans la charte française aussi essentiel, aussi exclusif que des publicistes passionnés ou intéressés ont voulu le faire paraître? Lorsque la manie législative, née de la révolution, aura cessé de troubler nos têtes légères, l'initiative médiate des chambres ne s'agrandira-t-elle pas sous la direction de têtes fortes et calmes? C'est encore le *ministérialisme* qui, dans cette question comme dans tant d'autres, compromet la royauté et la légitimité, en les opposant à la liberté et même à la raison. Un des principes du *minis-*

térialisme est d'user sans respect du nom du roi, comme d'un ressort commun, pour atteindre les buts les plus vulgaires. Le plus petit blâme s'élève-t-il sur un abus d'administration, sur une intrigue de bureau, sur une destitution injuste? aussitôt on nous cite les noms les plus augustes pour nous imposer silence. A plus forte raison, la critique d'un projet de loi, ouvrage des ministres, et plus souvent des commis, est représentée comme une insigne malveillance envers les princes légitimes. Les grands conseils nationaux, électifs ou héréditaires, ne sont pas à l'abri de ces reproches outrageux; leur vote consciencieux, leur vote souverain est hautement désigné comme fondé sur des motifs intéressés ou factieux. Est-ce la légitimité qui heurte ainsi le système représentatif? Non, c'est le *ministérialisme;* c'est un esprit étranger aux institutions nationales et légitimes, faux et dangereux serviteur que la légitimité doit éloigner et réprimer.

Un grand ministre saura éviter tous les

chocs entre les pouvoirs; c'est sur lui-même qu'il appelle la responsabilité de ce qui peut être douteux; c'est au prince qu'il laisse la gloire de tout ce qui commande l'admiration et la reconnaissance; tout air de supériorité est banni de son langage parlementaire; il n'invoque d'autre autorité que celle d'une raison ingénieuse et éloquente; il suppose noblement à l'opposition les intentions les plus loyales et les plus pures, la forçant ainsi à le rencontrer sur le terrain d'une discussion calme; jamais il ne se laisse entraîner, même par son propre parti, sachant que le serviteur du trône ne doit obéir qu'aux intérêts de l'état. Ses propositions sont-elles rejetées, il reconnaît qu'il a pu se tromper; il aime mieux sacrifier sa fierté personnelle qu'imputer à tant d'hommes considérables un manque de sagesse ou de bonne foi. Dans cette attitude modeste, il n'en paraîtra que plus grand s'il a raison contre les conseils nationaux, et il peut même espérer les ramener plus facilement à son avis; surtout, il évite avec un soin religieux d'opposer son crédit, sa faveur, son autorité secondaire et d'emprunt à ce pouvoir perpétuel et suprême dont les grands conseils nationaux sont revêtus. Toujours prêt à résister par les moyens constitutionnels aux attaques illégales des factions, il est toujours prêt à céder aux nécessités politiques, et à se retirer s'il devenait un obstacle à l'harmonie des pouvoirs, plutôt que d'avoir recours à rien qui blesse les choses légitimes.

Tel doit être le ministre de la légitimité. Quelques courtisans diront sans doute que nous avons peint un austère républicain ; et il est assez évident qu'un semblable homme d'état ne sera pas un souple flatteur des grands ni un dispensateur complaisant des richesses de l'état. S'il caressait l'avidité des illustres parasites, il regretterait bientôt de ne pouvoir remplir un abîme insatiable; il ne pourrait plus suivre avec fermeté la marche que nous venons d'indiquer, et, devenu l'esclave laborieux de ces esclaves paresseux, ineptes et superbes, il achèterait des appuis fragiles et éphémères au risque d'anéantir sa puissance réelle.

« Le conseil, dit Salomon, est dans le cœur de l'homme comme l'eau d'un puits profond; le sage ira jusqu'au fond pour la chercher... Il demeure dans ses pensées sages comme le soleil; le fou change comme la lune. » Le ministre, favori ou courtisan, change de conseils au gré de ses protecteurs; le ministre, citoyen et homme d'état, se félicite de pouvoir s'appuyer sur la fermeté et la persévérance des représentations nationales.

La cour est d'ordinaire un foyer d'intrigues plus à craindre pour un ministre que les assemblées publiques. Comment repousser la médisance spirituelle, la délation obscure, les manœuvres secrètes? A quel visage se fier? Mais c'est la présence des hommes instruits, austères et religieux, qui préserve la cour de la domination des favoris et des corrupteurs. C'est précisément le système représentatif qui, en réunissant dans la résidence les grands conseils nationaux, environne le monarque de ce cortége de sagesse et de vertu, le seul qui soit vraiment digne de lui. Nouvel accord entre la liberté et la monarchie légitime.

Les grandes assemblées délibérantes offrent à la vérité l'inconvénient de donner trop d'avantages au talent séducteur et brillant des hommes plus éloquents qu'habiles, plus ambitieux que patriotes. De là on a voulu tirer la conclusion qu'un conseil peu nombreux convenait mieux à la conservation de la monarchie légitime. « Des hommes instruits et expérimentés en petit nombre sauront mieux discuter entre eux les véritables intérêts publics. Est-ce que vos routes, vos canaux, vos ateliers, vos arsenaux tirent quelque avantage de tant de phrases pompeuses et de tant de séances dramatiques ? Est-ce que vos champs seront mieux labourés, vos prairies mieux arrosées, vos troupeaux plus soigneusement entretenus à la suite de tant de discussions publiques entre des hommes qui n'ont peut-être jamais su distinguer une espèce de céréale de l'autre ? Et quand il s'agit d'étendre votre commerce sur des rivages lointains, est-ce que le beau langage académique y peut contribuer ? Mais qu'un vertige séditieux s'empare des esprits, alors vos grandes assemblées, devenues les foyers d'un enthousiasme contagieux, engloutiront le trône légitime qu'elles devaient soutenir. »

Ces accusations, rarement présentées dans les écrits du jour, circulent de bouche en bouche parmi les plus habiles adversaires du système représentatif.

La réplique est toute prête. Les bonnes institutions communales et départementales remédient à tous ces inconvénients. Elles balancent d'abord la puissance d'une assemblée centrale qui deviendrait usurpatrice. La sûreté d'un gouvernement concentré sur un seul point est toujours livrée à quelques hasards. Au contraire, un coup de main, une insurrection militaire, une révolution de palais, ne peuvent jamais bouleverser ni asservir complétement une nation qui, outre sa représentation générale, possède dans des pouvoirs municipaux et provinciaux des centres de résistance auxquels elle peut se rallier. C'est aussi dans les administrations locales, libres et fortes, que se forment les députés dignes et habiles, les hommes du peuple et du roi ; c'est dans ces véritables écoles d'économie politique que se développent les talents spéciaux, les esprits solides, les connaissances positives. Établissons donc les communes ; c'est la base de l'édifice politique, la base de la monarchie légitime. De là sortiront des hommes d'état qui, s'élevant de degré en degré jusqu'à la tribune nationale, y feront succéder à de vagues dissertations, à des harangues inflammatoires, non pas le silence vénal de la servitude ni l'inepte verbiage du ministérialisme, mais la véritable éloquence parlementaire, l'éloquence de la raison unie au patriotisme.

Ainsi, c'est en étendant le réseau du système représentatif qu'on le plie davantage aux besoins de la monarchie légitime.

Abordons encore une question grave et épineuse. Surveiller en secret le crime qui aiguise un poignard régicide ou la rébellion qui creuse ses mines sous l'édifice social, c'est une idée dont l'humanité n'a point à rougir et que la saine politique ne saurait désavouer; et cependant le nom de *police* effarouche toutes les oreilles. D'abord, s'écrie-t-on, que de moyens ignobles et odieux mais nécessaires à une police instituée dans l'intérêt personnel des souverains! La corruption, l'espionnage, la censure; plus d'épanchements d'amitié, plus de sanctuaire de famille, plus de voix publique libre, et le sombre silence des peuples seul donnant de terribles mais d'inutiles leçons à la tyrannie chancelante. Car, ajoutent encore les observateurs impartiaux, que peut tout ce mécanisme matériel contre le mouvement unanime de la société et contre les événements voulus par la

CHAPITRE XVII. 213

Providence ? Un grand empire qui de toutes ses institutions n'avait conservé qu'une police redoutable, a-t-il dû à cet instrument défensif un seul moment d'existence de plus que ceux qui lui étaient destinés ? Le fameux ministre qu'on a surnommé *le dieu de la police*, a t-il pu sauver *le dieu de la victoire* de la conspiration de ses propres passions, la seule qui l'a renversé ? Ses révélations ont trahi l'impuissance de l'art où il excellait. Il nous apprend qu'il ne soupçonnait pas avant leur explosion ces tonnerres infernaux qui attendaient l'usurpateur aux portes de son palais; il avoue n'avoir jamais pu pénétrer les mystères des associations garanties par la foi militaire. N'avons-nous pas vu plus tard un prisonnier dans une seule nuit échapper à ses geôliers, s'emparer du pouvoir, envoyer sous les verrous tous les surveillants suprêmes, et n'échouer dans son singulier complot que grâce à la position accidentelle d'un miroir ou d'une porte ?

Soyons pourtant en garde contre une générosité mal raisonnée. D'horribles passions survivent à la révolution. N'avons-nous pas vu le sang des Bourbons rejaillir sur nos murs sous les mains d'un monstre, qui, sans être poussé directement par une conjuration, représentait la muette conspiration des haines populacières et soldatesques contre une dynastie appelée à faire cesser le règne des baïonnettes?

C'est l'union de la monarchie légitime avec les institutions du gouvernement représentatif qui seule résout le grand problème de la sûreté des gouvernements. D'abord, elle rend extrêmement rares les conspirations politiques entre des hommes influents, puisque l'ambition, ayant le choix entre tant de carrières éclatantes, n'ira guère chercher dans les antres de la conjuration des périls infructueux; elle rend de plus les succès des conspirations peu décisifs, puisque, au milieu de ce grand ensemble d'institutions nationales, des conjurés vainqueurs ne pourront jamais saisir d'un seul coup la totalité du pouvoir comme ils le peuvent dans un état despotique ou monarchique absolu ; elle les rend enfin beaucoup moins faciles à cacher, et par conséquent elle en diminue les chances de succès ; car, dans la monarchie tempérée et légitime, les grands intérêts sont connus, les pouvoirs sont fixés, les moyens d'influer sont publics, de sorte qu'un gouvernement habile devine d'avance les combinaisons qui pourraient se former, les diverses marches qu'une faction conjurée pourrait suivre ; il peut prévoir avec précision quels ressorts la trahison sera obligée de toucher. Dans les états despotiques, tout est personnel ; l'instrument le plus obscur et les hommes rapprochés du trône, un mécontent et les individus en apparence les plus dévoués, peuvent également ourdir un complot ténébreux dont le succès ne tient qu'à un coup de main, à l'infidélité d'un satellite, à la trahison d'un valet. Toute l'histoire est là pour attester l'immense avantage que le despotisme présente aux conspirateurs. Même ce charme que la vanité ou l'imagination perverse trouve dans tout ce qui est environné du secret, de périls, d'espérance et d'anxiété, ce charme, dis-je, disparaît dans un état où il est légalement permis de se livrer à des brigues et à des combinaisons politiques. Personne ne conspire quand tout le monde peut à son choix se distinguer par son mérite ou par ses intrigues. Le peu de corruption qui s'attache au gouvernement représentatif est précisément assez pour occuper les esprits remuants, et n'est pas assez pour ébranler l'état.

A l'abri de toute conjuration importante, l'état n'a plus à craindre que les malfaiteurs, les insensés, le désespoir, la misère. C'est là qu'une véritable police peut remplir les fonctions les plus charitables et les plus philanthropiques ; surveiller les premiers pas du crime, le ramener à l'ordre, au travail, à la vertu, tarir les sources du vice, saisir l'arme du meurtrier au moment où il la lève, sauver la victime sur le bord du précipice creusé sous ses pieds, éteindre la torche incendiaire au moment où elle touche nos demeures, voilà l'idée morale, l'idée politique d'une bonne police. La religion elle-même lui a marqué son véritable principe : « Ne cesse point d'arracher ceux qu'on » entraîne au tombeau [1]. »

Restent ces fermentations sourdes et générales, qu'aucune police n'a jamais maîtrisées lorsqu'elles ont eu un motif légitime. C'est la liberté de la presse périodique, sous des lois claires et équitables, qui en est le seul remède efficace. En permettant à ces mécontentements de s'exhaler, elle en fait connaître les causes, ou les prétextes : ces causes sont-elles justes, un abus corrigé en fait pardonner vingt autres ; ces prétextes sont-ils futiles, la presse périodique libre les fait elle-même disparaître, car un gouvernement ne manque jamais d'organes de

---

[1] Proverb., XXIV, 2.

défense auprès du public, pour peu qu'il soit susceptible d'être défendu. Ce n'est que lorsqu'il prétend parler seul qu'il trouve toutes les oreilles fermées.

Les institutions essentielles du système représentatif forment donc pour un prince légitime la plus forte garantie de sa sûreté personnelle ainsi que de celle de son gouvernement. La liberté est la seule sentinelle incorruptible de la légitimité.

Deux principes vrais et du même ordre ne peuvent jamais se contredire; si donc une lutte s'engage quelque part entre le système représentatif et la légitimité, on peut assurer que l'un ou l'autre de ces deux élémens de la monarchie est corrompu, ou qu'ils le sont tous les deux.

Un prince est tiré d'une prison et remis sur son trône, grâces aux héroïques efforts de son peuple; il lui promet le rétablissement de ses assemblées nationales légitimes ; il tarde malheureusement à payer cette dette de la reconnaissance et de l'honneur : le soldat se mutine, le peuple se soulève ; la force impose à ce roi une constitution absurde qui en fait le président d'un directoire pour la puissance, en lui laissant la responsabilité d'un roi : les deux principes sont faussés ; ils se combattront.

Une nation très éclairée est arrachée par perfidie à son ancienne dynastie et mise sous le joug d'une race dont elle ne veut pas; elle a cependant conservé une constitution très libre et qui réduit le *veto* royal à une ombre; les résolutions de la diète, trois fois passées en autant de sessions, ont force de loi souveraine; le roi n'est que le ministre obligé de l'exécuter; c'est sans doute très anti-monarchique : mais cherchons le fond des choses ; cette nation dit seulement : « Nous ne voulons pas donner l'es-
» sence de la royauté à un prince qui, pour
» nous, est encore étranger. »

Voilà un autre cas où les deux principes sont faussés. L'esprit des monarchies légitimes, disent tous les sages, aime la fixité dans les grandes fonctions ; il veut que les administrateurs de province restent long-temps au même endroit afin d'étudier à fond les besoins et les intérêts locaux, les mœurs et les vœux des habitants. Il est encore dans l'esprit administratif de la royauté légitime de ne destituer les fonctionnaires que pour cause grave, et de les faire monter par gradation régulière afin de récompenser le zèle et mettre à profit l'expérience. Ces principes passent pour essentiellement monarchiques dans les états qui ont conservé leurs anciennes formes.

Il est un royaume que nous connaissons et où les choses vont autrement ; les administrateurs y sont un peuple nomade ; ils se croisent sans cesse sur les routes ; ils quittent les provinces confiées à leurs soins dès qu'ils en ont pris connaissance ; les fonctions changent de mois en mois, quelquefois par semaine ; un vieillard se trouve tout-à-coup mis hors d'une carrière où il a passé la vie entière ; un jeune homme vient présider non moins subitement une vaste administration d'où il chasse les serviteurs les plus fidèles et les plus habiles ; tout candidat puissant demande indistinctement à diriger les branches les plus différentes: veut-on lui donner les forêts, il a étudié à fond l'économie forestière; est-on plus disposé à lui assigner les musées, il est sévère connoisseur dans les beaux-arts : en effet, les salons des grands ne sont-ils pas une école universelle de toutes les sciences possibles? Peut-on manquer d'aucune capacité quand on vote pour les ministres?

« C'est, disent certains hommes d'état, c'est *le système représentatif* qui nous oblige à tous ces changements fâcheux; il nous faut des voix; c'est une condition que cette forme de gouvernement nous impose ; que celui qui n'a rien cette année acquière une grande influence dans la représentation, et nous nous empresserons l'année prochaine à lui offrir la dépouille de ceux qu'il aura mis à terre! Que voulez-vous?

tout cela, nous le savons, est peu monarchique, peu conforme à l'esprit de la légitimité; mais ainsi va le *système représentatif.* »

Non! ainsi vont les ministères qui, n'entendant ni la légitimité ni la liberté, ne savent pas fondre ces principes dans un grand ensemble d'institutions fortes et permanentes.

CHAPITRE XVIII.

DES LÉGITIMITÉS DANS L'ANCIENNE CONSTITUTION FRANÇAISE.

Nous venons d'établir des vérités générales ; quelques esprits faux et légers diront qu'au moins en France la monarchie légitime est *absolue*.

Écoutez donc le roi lui-même : « La constitu- » tion ancienne du royaume de France soumet » les lois à des formes qu'elle a consacrées, et le » souverain lui-même à l'observation des lois, » afin de prémunir la sagesse du législateur » contre les piéges de la séduction et de dé- » fendre la liberté des sujets contre les abus de » l'autorité.

» La constitution, dit encore le roi, prescrit » des conditions à l'établissement des impôts, » afin d'assurer le peuple que les tributs qu'il » paie sont nécessaires au salut de l'état.

» Elle confie aux premiers corps de magis- » trature le dépôt des lois, afin qu'ils veillent » à leur exécution et qu'ils éclairent la religion » du monarque si elle était trompée.

» Elle met les lois sous la sauvegarde du » roi et des trois ordres, afin de prévenir les » révolutions, la plus grande des calamités qui » puissent affliger les peuples [1]. »

Ainsi parle un des monarques les plus instruits qui aient jamais occupé le trône français. Nous pourrions terminer ici notre chapitre si nous n'avions pas à cœur de rappeler

---

[1] Déclaration de S. M. Louis XVIII, à son avénement au trône, 1795.

que cette manière de voir était aussi celle de l'ancienne magistrature française. Plusieurs membres des parlements, réunis par l'exil, ont démontré dans un savant ouvrage que les principes fondamentaux de la monarchie française reconnaissaient *les lois du royaume* comme inviolables, à la différence des lois de circonstance, appelées *lois du roi*. Les premières ne pouvaient être faites qu'en assemblée générale du royaume, du commun accord des trois ordres : le prince n'y pouvait déroger [1].

Machiavel avait donc raison quand il disait que, parmi les monarchies de son temps, le gouvernement de France était le plus tempéré par les lois. Mais les institutions légitimes furent opprimées par l'admirable et funeste génie de Richelieu; plus tard, sous un règne brillant, l'esprit même de la liberté légitime s'assoupit

---

[1] Développement des principes fondamentaux de la monarchie française, 1795.

au doux charme des beaux-arts et des plaisirs : de là, corruption des opinions et des mœurs, et finalement la grande révolution.

L'esprit de la liberté légitime s'était pourtant conservé dans les grands corps de magistrature. Il n'y manqua jamais des hommes capables de dire avec le chancelier de l'Hôpital : « Les magistrats ne doivent point se laisser » intimider par le courroux passager du souve- » rain ni par la crainte des disgrâces, mais avoir » toujours présent le serment d'obéir aux lois. » Les Malesherbes, les Mounier, les Desèze, seraient-ils nés dans une patrie esclave ?

L'esprit de la liberté légitime s'était encore conservé dans l'église gallicane lorsqu'elle défendit si noblement ses libertés ou plutôt celles de la société chrétienne contre les usurpations de la cour de Rome.

La noblesse de province renfermait bien des caractères élevés et indépendants. N'est-ce pas dans la rustique solitude des châteaux que naquirent, à l'abri d'un siècle corrompu, les mâles pensées d'un Bonald et les généreuses inspirations d'un Châteaubriand ? La cour même n'était pas le siége d'une servitude abjecte : quatre grandes aristocraties, les hauts prélats, les maisons illustres, les parlements et la haute finance, dominaient le pouvoir royal, se le disputaient, en abusaient quelquefois contre le peuple : c'était une monarchie légitime en désordre, jamais un état despotique.

C'est par ignorance ou par mauvaise foi que l'on essaie de confondre les principes de l'ancienne monarchie française avec ceux du despotisme et du ministérialisme. Il n'est pas d'ennemis plus perfides de la légitimité que ces hommes qui ont toujours l'épithète *monarchique* à la bouche : que n'y voient-ils pas ? dilapidations, spoliations, mépris des lois, administration arbitraire, point de responsabilité, toutes les institutions prosternées aux pieds des ministres ; parler des conseils nationaux avec regret, avec ironie ; point d'opinion publique ; haine aux journaux indépendants ; les délateurs en estime, la franchise et la loyauté plus que repoussées ; combler de faveurs l'homme inutile, oublier les services ; fermer la porte au mérite et l'ouvrir largement à l'adulation ; le peuple insulté avec hauteur, ou caressé avec bassesse ; compter ouvertement sur les armes et sur la corruption : voilà ce qui serait *monarchique* selon quelques écrivains politiques, vrais tartufes de la restauration ; voilà le système que la médiocrité intrigante ne cesse de reproduire sous les couleurs d'un ardent dévouement à la royauté.

« Les mœurs des Français, ajoute-t-on, n'ad-
» mettent pas autre chose. » Les mœurs des Français ? Sacrilége calomnie ! Les théories de la révolution, nous l'avouons, luttent encore avec les doctrines de la légitimité, mais cette lutte même fortifie les esprits en les accoutumant à des pensées graves. Déjà de grandes émotions, nées du malheur, ont réveillé le sentiment

moral et religieux; les liens de la famille ont été serrés et renforcés au hideux aspect des vices déchaînés. Si le perpétuel changement de maîtres a fait naître une race d'hommes publics sans foi et sans caractère, toutes les autres classes ont gagné : l'exil et les camps ont retrempé la noblesse; les études ont agrandi les vues des négociants, et l'esprit de la propriété, ayant élevé et ennobli les sentiments de milliers de familles, forme peu à peu dans nos villages une nouvelle nation, intelligente, laborieuse, fière de ses droits, mais amie de l'ordre légal. Dans quel autre pays voit-on plus d'excellentes mères de famille, plus de traits de piété filiale, plus de sacrifices d'amour fraternel, jusqu'à repousser les partages inégaux, commandés par la politique? Où voit-on tant de procédés généreux dans le commerce, tant de délicatesse dans les relations sociales, et, jusque dans les fêtes populaires, tant de douceur et d'aménité? Avec des doctrines mieux approfondies, avec des croyances mieux senties, avec des institutions plus stables, que ne peut devenir le peuple français? Oui, les Français sont dignes de la liberté ; ils le deviendront chaque jour davantage.

Et si maintenant on demandait à un homme d'état quel caractère spécial on pourrait imprimer à la restauration des Bourbons, quelle pensée dominante pourrait illustrer leur règne nouveau, ne serait-il pas forcé de dire : « L'usurpation peut s'environner de trophées et de monuments ; elle peut couronner la France de tous les lauriers et flatter l'orgueil national par tous les genres de gloire ; plus sage encore, elle pourrait égaler ou surpasser les routes, les canaux, les ports, les citadelles de vos aieux ; elle pourrait, en aidant le génie et les talents, ressusciter un âge d'or des lettres et des beaux-arts, ou soumettre l'Europe au doux joug de nos sciences et de notre industrie : mais c'est à vous seuls, ô fils de Henri IV, qu'est réservée la palme de la législation ; c'est à vous seuls à renouer la chaîne de nos institutions légitimes, à rétablir ou compenser toutes nos libertés anciennes, à effacer les traces d'une administration arbitraire, à mettre en activité le génie politique de la nation, à rendre la vie aux communes, aux provinces, à imprimer aux grands conseils nationaux un caractère majestueux et sacré; en un mot, à fonder cette France libre, que la révolution avait en vain promise de créer : c'est là votre vocation spéciale, c'est là votre gloire particulière ; la justice doit être votre manteau, et la liberté doit briller comme le premier diamant dans votre couronne. »

CHAPITRE XIX.

POLITIQUE DE QUELQUES SOUVERAINS.

—

Nous avons parcouru la chaîne des raisonnements généraux, nécessaires pour établir l'accord des intérêts et les principes de la véritable liberté avec les intérêts et les principes de la légitimité bien entendue. Mais, abandonnant le terrain des principes, la politique révolutionnaire nous appelle soudain à défendre des faits qu'au fond nous pourrions repousser comme étrangers à notre théorie. Entendons toutefois le défi de la révolution dans la bouche de ses publicistes.

« Vous présentez en vain la légitimité, sage-
» ment définie, comme l'amie de la liberté; vous
» liez à cette idée ingénieuse, nous en conve-
» nons, quelques faits de législation constitu-
» tionnelle en France, en Angleterre, dans les
» Pays-Bas, dans le Portugal, en Suède, en Nor-
» vège, dans le Wurtemberg, en Bavière et en
» Pologne. Mais pouvez-vous vous faire illusion
» à vous-même? Ces faits sont-ils dans le système
» général de la grande alliance? Les gouverne-
» ments, ceux au moins qui maîtrisent le con-
» tinent, approuvent-ils cette tendance des
» contrées occidentales et maritimes? Non: les
» fondateurs de la sainte alliance sont des mo-
» narques absolus; ils repoussent loin de leurs
» frontières toute idée constitutionnelle; ils
» voient avec déplaisir les institutions nationales
» fleurir dans les états d'Allemagne; ils sou-
» tiennent en Espagne le système de pouvoir
» absolu; ils pâlissent au seul nom d'Angleterre,
» de France, de tribune nationale, de presse
» libre. Donc, ces grands sentiments de morale
» chrétienne, de charité et d'humilité qui écla-

» tent dans le pacte de la sainte alliance ne sont
» que le langage de l'hypocrisie. C'est en vain
» que vous exposez la théorie des légitimités de
» manière à la rendre la base même de la vraie
» liberté; le véritable but de la sainte alliance
» est de tromper les peuples par de grands mots.
» La légitimité qu'elle prêche est tout entière
» pour les maîtres, rien pour les nations : vains
» mots que vos droits, vos libertés; ruse impie
» que cette soumission apparente aux précep-
» tes de la religion; ils ne croient qu'en eux,
» leur culte c'est la servitude; et quand ils
» avouent que Dieu seul est le vrai souverain,
» ils ajoutent, comme Gengis-kan : *Et moi je*
» *suis le seul Dieu sur la terre.* Tel est le fond
» des choses : guerre entre *les cabinets et les*
» *peuples.* »

Ces tristes soupçons sur la sincérité des fondateurs de la sainte alliance ne sont appuyés que sur des faits dénaturés ou méconnus.

Deux grandes alliances unissent la plupart

des états de l'Europe. La première en date est fondée sur le *Traité de Chaumont*, du 20 mars 1814, par lesquelles les cinq grandes puissances, la Russie, la Prusse, l'Autriche, la France et l'Angleterre, s'obligent à combattre et à comprimer toute entreprise inspirée par les principes de la révolution française. Elles s'engagent à se communiquer amicalement leurs mesures politiques, relatives à cet objet de défense commune. La seconde, mais qui, sans contredit, doit un jour absorber l'autre dans son immense importance, est fondée sur le *Traité de la sainte alliance*, du 26 septembre 1815 : cet acte est signé par la presque totalité des gouvernements européens, et l'Angleterre a reconnu qu'elle en admettait les principes ; c'est dans ce traité que sont solennellement proclamées ces grandes et sublimes idées sur la légitimité, sur la vraie liberté, et sur le véritable perfectionnement social dont l'ouvrage présent est destiné à propager la connaissance.

Ainsi l'une de ces alliances menace de son

glaive les révolutionnaires qui tenteraient de replonger l'Europe dans les troubles de l'anarchie, l'autre impose aux souverains des devoirs austères et ouvre aux peuples la perspective d'une véritable liberté, émanée des trônes légitimes ; l'une veut empêcher les combats, l'autre veut assurer les bienfaits de la paix ; l'une réunit les grands cabinets dans un système de défense commune, l'autre resserre les liens de confiance et d'amour entre les gouvernements et les peuples ; l'une fixe l'équilibre des cinq grands empires sur la base nouvelle d'une sincérité mutuelle, l'autre, avec le principe de la charité chrétienne, ranime les anciennes idées de fraternité entre tous les peuples européens ; l'une a pour base un traité diplomatique proprement dit, ayant un objet spécifique, l'autre un pacte moral et religieux qui énonce les plus nobles vœux et les sentiments les plus amis de l'humanité.

Blâmer le but du traité de Chaumont ou l'alliance des cinq puissances, c'est se déclarer partisan des intérêts de l'usurpation et de la révolution.

Blâmer le but de la sainte alliance, c'est méconnaître le principe religieux et moral de la civilisation humaine.

Confondre ensemble les buts de ces deux pactes, l'un temporaire et tendant à combattre des circonstances dangereuses, l'autre perpétuel et tendant à fonder des principes conservateurs, c'est introduire dans les notions politiques une source funeste d'erreurs et de malentendus, de jugements injustes et de calomnies factieuses.

Que les vrais amis de la liberté et de la cause populaire réfléchissent plutôt, avec un esprit impartial et avec un cœur sincère, sur ces deux questions : « En quoi les puissances signataires » de l'alliance de Chaumont ont-elles outré l'ap- » plication de leur système de défense commune » contre l'esprit révolutionnaire ? En quoi les

» gouvernements, signataires de la sainte al-
» liance, ont-ils montré une disposition à
» prendre le principe de la légitimité royale
» dans un sens contraire aux libertés natio-
» nales? »

Cherchons d'abord à résoudre la première de ces questions. Les révolutions de Piémont, de Naples, d'Espagne et du Portugal, quoique différentes par les causes qui les expliquent et qui même, devant le tribunal de l'équitable histoire, adoucissent leur caractère, s'accordent néanmoins sur un point capital; c'est d'avoir adopté un seul et unique code de principes fondamentaux, la fameuse *constitution de Cadix*, qui n'offre qu'une imitation de notre démocratie royale de 1791, augmentée de quelques idées d'organisation, propres à donner un peu de durée et un peu de puissance d'action à ce gouvernement incohérent, et incompatible avec toute saine politique, avec toutes les véritables légitimités. Ne cherchons pas à cet accord des causes odieuses; laissons à une éloquence romanesque ce lugubre fantôme d'un ensemble de conspirations, parties de la capitale de France pour envelopper dans un même instant tous les trônes dans la même catastrophe : les faits prouvés suffisent dans leur simplicité naturelle: les enthousiastes peu instruits du midi devaient s'attacher à toutes ces théories vagues que *l'assemblée constituante* avait semées d'une main si prodigue, et que les cortès de Cadix passaient pour avoir rectifiées et épurées. Tout sert de drapeau à une multitude qui se soulève: un nom qu'elle n'a connu que d'hier, un mot qu'elle sait à peine prononcer, un petit livre qu'elle n'a jamais lu et qu'elle ne lira guère. Mais cette proclamation simultanée d'un système d'anarchie organisée n'était pas moins une déclaration de guerre à laquelle les cinq puissances, unies contre les révolutions, ne pouvaient rester indifférentes. S'il est de droit qu'un état souverain peut intervenir dans les affaires, même intérieures, d'un autre état souverain, lorsqu'il se voit menacé à la suite de ses révolutions domestiques d'un péril immédiat, qui pourrait s'étonner de l'intervention française et autrichienne dans les révolutions des deux péninsules d'Italie et d'Espagne?

Pour censurer d'une manière spécieuse ces deux mesures, il aurait fallu chercher à démontrer que le droit d'intervention suppose toujours un devoir de médiation entre les parties qui divisent l'état étranger où l'on entre. C'est bien un principe d'honneur et d'équité; aussi le généreux Bourbon qui poursuivit l'anarchie jusqu'aux colonnes d'Hercule, a-t-il proclamé ce principe pendant son commandement militaire sur la péninsule : mais le traité de Chaumont, conclu au milieu des agitations, n'a pas spécifié le droit d'un libérateur d'imposer *définitivement* à un monarque ou à un gouvernement qu'il affranchit ces sages maximes de clémence et d'amnistie qui seules terminent une révolution, ces institutions nationales qui seules en réparent les ravages et en préviennent le retour. Ce silence sur les limites du droit d'intervention et sur les devoirs qui en découlent, qui aurait pu, à Laybach, y suppléer avec succès?... Le ministère britannique! mais, guidé alors par un esprit faux et borné, il aima mieux ébranler en termes vagues et insignifiants le droit d'intervention que concourir à le fixer dans un sens raisonnable de manière à protéger également les peuples et les gouvernements, à comprimer du même poids l'anarchie et la tyrannie.

Dans cet état incomplet des traités, la puissance qui a dû étouffer une révolution dans un pays voisin ne possède d'autre droit *reconnu* que d'y rétablir les autorités légitimes.

Il est d'ailleurs des nations si malheureusement disposées à l'égard de tout avis étranger, que c'est le devoir de l'humanité même de ne pas leur conseiller ce qui est évidemment sage afin de ne pas les pousser au contraire. Il en est même qui, à force de déchirements, sont arrivées au point de ne pas présenter les éléments nécessaires pour former un gouvernement raisonnable. Ces nations ne sont ni libres ni esclaves; elles n'existent pas.

La légitimité n'a pu, tout-à-coup créer des institutions et des citoyens dans le midi de l'Europe; mais demandons à l'esprit révolutionnaire s'il a mieux réussi lui-même à y faire naître des armées et des guerriers; s'il n'a pas eu honte de ses nouveaux adeptes; s'il ne désespère pas d'eux, au moins pour la génération actuelle.

Le traité des grandes puissances contre toute révolution ne prouve donc, ni par lui-même, ni par les applications qui en ont été faites, une conspiration des *cabinets* contre les peuples; on n'a combattu que l'anarchie, on n'a étouffé que des bouches nouvellement ouvertes du volcan révolutionnaire. Consolider le terrain même de la liberté légitime, c'est un ouvrage qui demande d'autres moyens et d'autres stipulations. C'est dans le pacte de la sainte alliance que nous les avons entrevus. Nous sommes ainsi arrivés à la seconde question : En quoi les signataires de ce pacte ont-ils montré un esprit contraire à la liberté des peuples?

Ceux qui ont élevé ce doute ne veulent au fond que reprocher aux gouvernements de la Russie, de l'Autriche et de la Prusse de ne pas être amis des assemblées représentatives; c'est là le sens positif, le sens unique de cette accusation si souvent reproduite. L'avoir réduite à ces termes précis, c'est déjà l'avoir à moitié réfutée.

Peut-on oublier que le nord et l'orient de l'Europe n'avaient été que faiblement atteints du grand bouleversement révolutionnaire? que les trônes absolus y étaient restés debout et, à une seule exception près, dans la possession des dynasties anciennes? que la grande propriété n'y a pas changé de main, et que le cultivateur y apprécie plutôt les bons que les mauvais effets de la suzeraineté territoriale, au trement nommée féodalité? que ni les mœurs des peuples, ni les affections des sujets, ni l'esprit paternel des gouvernements, ni la marche paisible de la civilisation, n'avaient éprouvé dans cette moitié de l'Europe aucun changement comparable à ceux que d'autres contrées avaient subis? Ainsi les événements de 1814 replacèrent ces grands empires dans une situation morale et politique, à beaucoup d'égards semblable à celle où ils s'étaient trouvés en 1789. C'est de ce point de vue qu'il faut juger les efforts actuels de leurs gouvernements.

Si, en 1789, on eût dit que la Prusse, monarchie alors purement militaire, obtiendrait une représentation provinciale, sagement et fortement constituée, que le tiers-état et même le peuple des campagnes y verrait ses députés, librement élus, siéger à côté des princes et des seigneurs; que les impôts et l'emploi de leur produit deviendraient les objets d'une publicité absolue et d'une responsabilité ministérielle très sérieuse; enfin, que des lois égales, protégeant les classes les plus humbles à l'égal des grands, réduiraient les institutions féodales à ce qu'elles ont de compatible avec le bien de la société, quel concert d'actions de grâces et de cris d'admiration n'aurait pas retenti aux bords de l'Oder et de l'Elbe? Des philosophes comme *Garve*, des publicistes comme *Dohm*, des hommes d'état comme *Hertzberg*, auraient salué cette grande réforme comme un des plus nobles résultats des lumières du siècle. Voilà pourtant ce que le gouvernement prussien a fait, et à peine les élèves de la révolution française daignent-ils le compter pour quelque chose.

En 1789, Joseph II expirait au milieu des cris de la rébellion que poussaient les peuples mécontents de ses réformes. Aujourd'hui, la Hongrie, l'Autriche, la Galitzie et la Bohême vivent heureuses et contentes sous un prince, élève de Joseph, mais à qui l'expérience a appris à maintenir les institutions nationales, plus ou moins aristocratiques, sous lesquelles a grandi cette fédération d'états monarchiques dont les couronnes sont réunies sur sa tête. Aucun peuple n'est moins porté à essayer des constitutions nouvelles; peu spéculateur, il voit sa prospérité intérieure s'accroître sous ses anciennes lois. Conserver ce qui est, voilà la maxime dominante de la politique autrichienne. Mais la réunion de Milan et de Venise à cet empire a contre elle le climat, les mœurs, la langue et plusieurs intérêts de commerce local; de là un sentiment de malaise qui a fermenté dans les provinces italiennes, mais qui a été très faussement présenté comme né du regret des peuples, de se voir privés d'une représentation nationale; car peut-on oublier que la sage constitution de l'ancien royaume d'Italie n'a jamais eu d'existence véritable sous le roi-fondateur? Peut-on d'ailleurs s'imaginer qu'un gouvernement représentatif suffirait pour faire retourner au port de Venise le courant du commerce de tout l'empire qui une fois s'est dirigé sur Trieste?

CHAPITRE XIX.

Les deux grandes puissances que nous venons de considérer ont, il est vrai, insisté dans la diète féodale germanique sur quelques restrictions des assemblées représentatives dans les états secondaires, et cette mesure a singulièrement servi les accusateurs de la sainte-alliance. « Voici, disent-ils, des rois respec-
» tables, quoique moins puissants, des rois
» amis de leurs peuples, à qui l'Autriche et la
» Prusse viennent insinuer qu'ils doivent res-
» treindre les libertés que, du haut de leurs
» trônes légitimes, ils ont solennellement ac-
» cordées. Voyez quelle défiance injuste en-
» vers les peuples les plus loyaux et les plus
» fidèles! Voyez comme ces cabinets méprisent
» les droits légitimes des peuples et même
» ceux des rois! Ils veulent propager autour
» d'eux le despotisme; ils ne peuvent souffrir
» près de leurs frontières l'aspect de la liberté
» la plus sage! » Mais si nous examinons de plus près cette accusation, elle va s'évanouir ou du moins perdre toute sa gravité.

Tous les états allemands sont membres d'une fédération politique, instituée pour leur défense commune; il résulte évidemment d'un lien semblable certaines obligations réciproques et qui limitent l'emploi de la puissance souveraine appartenant à chaque état; ces obligations sont déterminées, en cas de doute, par la réunion des représentants de tous les gouvernements fédérés, et dans cette diète les états moins puissants ont entre eux bien plus de voix que les deux grandes puissances. Une résolution de la majorité, et, à plus forte raison, une résolution unanime de cette diète, ne saurait donc être l'ouvrage de la contrainte qu'aurait exercée une puissance prépondérante; elle peut se fonder en partie sur des ménagements et sur des concessions; mais elle est toujours en majeure partie le terme moyen des volontés souveraines qui concourent à la former. Cela paraîtra même une nécessité morale à quiconque voudra réfléchir sur l'essence même des deux grandes monarchies qu'on accuse de dominer la diète germanique; et qui ne sont pas du tout des monarchies absolues. En Autriche, plusieurs grandes aristocraties territoriales participent à l'autorité suprême; et parmi ces puissantes corporations, les Hongrois possèdent au moins autant de pouvoir que le parlement britannique; la monarchie prussienne est de même tempérée par des assemblées dont l'aristocratie forme l'élément le plus solide : ainsi la politique de ces deux gouvernements n'est pas dirigée par des intérêts despotiques, mais par des intérêts aristocratiques. Le moyen d'empêcher que les aristocraties de Prusse et de Hongrie ne sympathisent pas avec celles de Hanovre et de Bavière! Le moyen d'empêcher les peuples allemands d'être ce qu'ils sont, des sociétés soumises à une féodalité civilisée, que la royauté tempère et que deux croyances religieuses séparent! Tout le secret d'exercer de l'influence sur la diète germanique consiste à faire une proposition à laquelle ces grands intérêts permanents se rattachent d'eux-mêmes.

Les reproches que l'esprit révolutionnaire français adresse à l'Autriche et à la Prusse, sous ce rapport, n'atteindraient dans aucun cas la *sainte alliance,* car elle est distincte de la *fédération germanique*, et, comme corps, absolument étrangère à l'acte fédéral de l'Allemagne; c'est sur les stipulations de cet acte que se fonde la nécessité d'interdire aux assemblées d'états la faculté de refuser la quotité de subsides exigée pour l'entretien du contingent militaire de chaque état. C'est encore une conséquence de l'acte fédéral que de comprimer ce qui peut amener la désunion des fédérés.

Quel est d'ailleurs le grave objet de tant de sollicitude de part et d'autre? La postérité le croira-t-elle? c'est la métaphysique de quelques jeunes gens dépourvus d'idées vraiment politiques, mais qui portent une casquette et les cheveux longs! Assurément la liberté réelle de l'Europe gagne beaucoup à perdre une semblable alliée; cette puissance ténébreuse peut créer du désordre dans le parti qui s'en fait un

appui, jamais elle ne sera la base d'une opposition puissante, pas même celle d'une conspiration formidable. Le *libéralisme* français
nous permettra donc de croire qu'il s'est montré peu habile en offrant son alliance à quelques
métaphysiciens; il a des moyens d'agir plus
dangereux; c'est en provoquant l'amour-propre
des souverains du second rang, en alimentant la
jalousie des cours et des ministères, en réveil-
lant la rivalité des intérêts industriels et commerciaux, en appuyant la séparation des états
fédérés germaniques qu'il marcherait vers un
but moins imaginaire. Mais ce schisme politique
de l'Allemagne, suivi peut-être d'une révolution contraire, ouvrirait-il une perspective
flatteuse pour les progrès de la civilisation européenne? Ce mélange de petites souverainetés,
à côté de quelques républiques, n'offre-t-il
pas des espérances et plus douces et moins
incertaines? Sans cette noble émulation des
princes, protecteurs des lettres et des sciences,
sans cette utile rivalité des grandes écoles,
sans cette teinte d'originalité locale, maintenue

par les divisions politiques, le génie de l'Allemagne aurait-il pris ce libre essor et ce puissant élan qui, de toutes parts, a fait reculer les limites de la pensée humaine? La patrie des sciences et de la philosophie a peut-être besoin d'une certaine neutralité politique.

Osons lier ces considérations sur les choses aux sentiments qu'inspirent personnellement à leurs peuples les souverains allemands. Les mœurs du despotisme n'approchent d'aucun de leurs trônes paternels; nul satellite n'écarte de leur personne la foule de leurs sujets; nul faste ne les distingue dans le cours habituel de la vie; le travail et la piété commencent leur journée; l'heure de leur repos dépend des affaires du royaume; les goûts les plus simples, les plus pacifiques embellissent leurs moments de loisir. Ce guerrier, roi d'un peuple de guerriers, se plaît aux jeux de ses enfants, au milieu des rosiers qu'il a plantés de sa main; il interrompt souvent ces fêtes de famille pour aller pleurer sur le tombeau de celle qui jadis en fut l'âme et l'ornement. Cet autre chef d'un grand empire travaille autant que l'administrateur le plus laborieux; il voit, il examine chaque établissement important de ses vastes états, et s'entretient avec ses divers peuples dans leurs langues différentes; il connaît en détail l'économie politique de ses provinces, comme il connaît les caractères de la plante la plus rare. Quel est ce palais où je vois entrer les flots d'un peuple entier? où je vois pénétrer le cultivateur sous la bure à côté de l'élégant citadin? Le souverain du troisième état allemand reçoit à porte ouverte ses sujets de toutes les classes, écoute leurs plaintes et leur adresse les consolations d'un ami ou les avis d'un père. Ce n'est pas qu'un luxe utile, que l'éclat de la chevalerie, que le mâle exercice de la chasse, soient bannis de ces cours; seulement dans toutes ces choses règne la modération, et c'est uniquement pour la bienfaisance qu'est réservé le pouvoir illimité. Aussi l'industrie agricole ne redoute-t-elle plus le voisinage du prince ni ses amusements dévastateurs; la loi et les mœurs ont relégué dans l'histoire ces désordres jadis trop fréquents. Mais combien de beaux domaines, exploités sous les yeux du souverain, présentent le modèle d'une culture perfectionnée! Combien de parcs romantiques s'élèvent de toutes parts, dessinés par une main qu'attend le sceptre! Dans ces bosquets délicieux un château modeste ne recèle pas de honteuses voluptés ; il est enrichi des trésors de toutes les littératures ou de curiosités de toutes les zones. Une jeunesse auguste, espoir des dynasties germaniques, rivalise dans la culture des arts, des sciences et des lettres ; mais c'est un patriotisme éclairé qui guide ses choix; ces jeunes princes protègent la grande école que le génie du Phidias du nord sut créer au sein de l'Italie languissante. Les périls, noble cortége du voyageur, n'épouvantent pas leur ardeur pour apprendre ; les glaciers des Alpes et les forêts de l'Amérique ont vu les descendants des rois et des empereurs disputer aux naturalistes les lauriers de la science. Mais ce qui distingue encore davantage les dynasties sorties du sang d'Odin et de Wittekind, soit qu'elles restent sur leur sol paternel, soit qu'elles aient occupé au loin des trônes nouveaux, c'est leur loyauté chevaleresque : ce qu'elles ont promis, c'est inébranlable comme le ciel; ce qu'elles ont reconnu pour un devoir, c'est accompli, malgré le monde, malgré les enfers. De là cette confiance sans bornes dont elles jouissent chez leurs peuples. Un prince du Nord en a fourni l'exemple brillant dans un règne accablé de malheurs non mérités. Sage réformateur, il fondait la vraie liberté; habile administrateur, il appelait dans ses états les richesses du commerce; ami de la paix, il voyait son pavillon couvrir toutes les mers: mais en vain avait-il pris pour guide la justice et l'équité, les partis qui divisent l'Europe tournent toutes leurs fureurs contre un pays dont la tranquillité leur semble un reproche; sa capitale est réduite en cendres, ses ports sont dévastés; il est entraîné dans les combats qu'il voulait éviter, et la perfidie lui arrache une moitié de ses sujets; mais, au milieu de tant de calamités, son peuple, admirant son extrême loyauté et sa générosité, peut-être outrée, n'a jamais hésité de lui tout sacrifier; chaque revers de la fortune lui a valu de nouveaux témoignages d'amour et de dévouement, les princes les plus heureux lui ont porté envie, et les monarques les plus puissants lui ont montré des respects. Faut-il ajouter son nom? mon cœur l'a trahi, l'Europe l'a prononcé.

Ces mœurs, ces vertus, ces qualités ne sont-elles pas la meilleure garantie de la sincérité avec laquelle les souverains, liés à la fédération germanique, ont juré les principes de la sainte alliance, dans le but d'assurer la vraie liberté des peuples, et la véritable légitimité des gouvernements? Ont-ils une *arrière-pensée*, ces princes si pleins d'honneur, si scrupuleux dans leurs engagements, si soumis à la morale religieuse?.. Oui, ils en ont une, et nous ne craignons pas de la révéler. Ils hésitent à innover; ils n'aiment pas à renverser les institutions qu'ils ont trouvées établies; ils savent qu'ils répondent devant Dieu des maux que peut causer l'ébranlement des doctrines sociales d'un peuple; ils s'arrêtent, et l'immense majorité de leurs sujets s'arrêtent avec eux « *sur les voies anciennes,* comme dit le prophète, afin de regarder autour d'eux, et juger avec maturité s'il y en a de meilleures; » leur désir le plus sincère est de fonder des siècles de prospérité, de liberté et de vertu, mais ils redoutent le sol volcanique sur lequel ils marchent; ils apprécient la vanité des théories révolutionnaires, la niaiserie des *constitutions imaginaires,* denuées d'un fondement historique et réel; ils reconnaissent que les monarchies à la tête desquelles la Providence divine les a placés ont pour base une aristocratie féodale, devenue bienfaisante à toutes les classes, et des corporations municipales, modifiées par la civilisation. Pourquoi, imitateurs téméraires, risqueroient-ils de bouleverser ce qui existe chez eux, et qui, à coup sûr, sous les trois points de vue de la légitimité, de la liberté et de l'honneur, vaut mieux jusqu'ici que tout ce qu'on leur montre comme modèle d'innovation? Quel état allemand peut regretter les illusions de la révolution, les déceptions du *bonapartisme*, et les vacillations du *ministérialisme* ? Non, les monarchies germaniques, ou liées au système germanique, possèdent dans le caractère de leurs chefs, dans la nature de leurs institutions, et dans la sagesse de leurs peuples, la triple garantie d'un perfectionnement social, qui, pour s'effectuer graduellement, n'en sera que plus bienfaisant et plus durable.

Nous avons à dessein séparé de ce groupe de princes le puissant monarque qui gouverne la moitié orientale de l'Europe. L'empire de Russie n'est pas, comme les états germaniques, dominé par le principe d'une aristocratie héréditaire. La noblesse, quoique composée en partie de familles très riches en biens-fonds, n'exerce comme corporation presque aucun pouvoir politique; elle ne forme ni des états-provinciaux, ni même un ordre privilégié exclusif. Les rangs administratifs ou militaires, distribués au gré de la couronne, déterminent l'hiérarchie sociale; le mérite peut s'élever rapidement au faîte de la puissance, et l'habitude semble même tenir les grandes familles éloignées des ministères; la naissance a moins d'influence que la fortune, et celle-ci à son tour moins que les titres et les places. C'est, pour tout dire, un gouvernement absolu, où, jusqu'au règne d'Alexandre, la volonté de l'autocrate n'avait d'autre contre-poids que la crainte des révolutions; mais c'est aujourd'hui un gouvernement absolu, tempéré par le caractère personnel d'un grand homme, qui, depuis un quart de siècle, y prépare l'établissement ou la consolidation de toutes les légitimités sociales.

Par combien de grandes mesures l'empereur Alexandre n'a-t-il pas montré qu'il comprend parfaitement les institutions de la monarchie légitime! Est-il ami du pouvoir arbitraire, ce prince qui, à peine affermi sur le trône, annula d'avance par des ordonnances solennelles tout ordre qui ne serait pas fondé sur le texte d'une loi, et qui soumit aux discussions du sénat de l'empire la rédaction des lois nouvelles? Est-il ennemi des idées constitutionnelles, ce vainqueur généreux qui, maître de la Pologne, mit en activité les institutions représentatives, restées pendant la domination française un lettre morte? Manque-t-il d'égards éclairés pour les droits des nations, ce conquérant de la Finlande, qui, reconnaissant chez ses nouveaux sujets à la fois une civilisation avancée et un sentiment national élevé, leur garantit le privilége de vivre d'après leurs propres lois? Veut-il faire rétrograder les saines lumières, ce monarque à qui son empire doit la formation de tant d'écoles populaires et de tant d'universités organisées sur le même plan que celles des pays les plus éclairés, ce monarque qui pendant son règne a vu doubler le nombre d'auteurs indigènes et celui des journaux écrits en langue du pays? Redoute-t-il la liberté des opinions, ce législateur qui, en même temps qu'il régénère la dignité morale de son clergé national, protège de son sceptre équitable toute communion religieuse, jusqu'à la secte la plus obscure, pourvu qu'elle ne se livre ni à l'ambition de dominer, ni à l'envie d'opprimer? Est-il étranger aux vues de la philosophie religieuse la plus élevée, ce sage qui, veillant sur les intérêts d'une communion qui n'est pas la sienne, a su si bien apprécier l'importance de maintenir l'épiscopat et la pureté des dogmes dans l'église évangélique de Russie? Enfin, n'est-ce pas avoir commencé la réformation sociale de son vaste empire par les fondements mêmes, que d'avoir établi une législation grâce à laquelle tous les ans le nombre des paysans libres et des cultivateurs propriétaires s'augmente sans secousse, sans injustice, et sous des conditions qui garantissent dans ces nouveaux citoyens les facultés nécessaires pour bien user de la liberté?

C'est ainsi qu'Alexandre Ier surpasse Pierre Ier, autant que les intérêts spirituels de la société surpassent les intérêts matériels. Pierre ne fondait et ne pouvait fonder que la force militaire et la puissance extérieure de son empire : il en était l'âme ; sa grandeur personnelle tenait lieu d'institutions et de lois ; s'il appelait les arts et les sciences à son service, c'était comme des vassaux ou des mercenaires utiles. Alexandre fonde la puissance morale et civile de sa nation ; il lui donne un esprit européen et une intelligence sociale ; il prépare ses peuples à l'âge viril, il crée les éléments futurs d'une monarchie tempérée. Pierre est un colosse parmi les czars ; mais Alexandre va clorre la série des czars et commencer celle des rois.

Certes, en traçant de sa propre main le pacte auguste de la sainte-alliance, ce monarque n'a pas voulu consacrer l'union du despotisme avec l'ignorance, ni fonder une coalition des cabinets contre les peuples ; il a voulu poser la base morale et religieuse de toute véritable liberté.

La politique personnelle d'un monarque absolu, mais philosophe chrétien et ami de la civilisation, paraîtrait à quelques égards la plus propre à veiller sur le maintien du pacte commun de toutes les légitimités; elle est indépendante des intérêts qui dominent les autres grands états; aristocraties féodales, aristocraties politiques, démocraties commerciales ou agricoles, tous ces éléments divers de la société européenne, il les voit du même œil, il les apprécie avec impartialité, il les juge en arbitre équitable; il n'en a rien à craindre ni à espérer : mais, tout en tirant un grand parti de cette position sociale du fondateur de la sainte-alliance, les hommes d'état de l'Europe doivent essentiellement appuyer leur système de gouvernement sur des institutions nationales, conformes aux principes réunis de la légitimité et de la liberté. Nous croyons que jamais la Russie ne donnerait d'autres conseils à ceux qui lui en demanderaient. Soyez conséquents, soyez fidèles à vos traités, soyez vous-mêmes : voilà, ce nous semble, la substance de ce que la Russie a été censée dire dans les congrès européens.

CHAPITRE XX.

RÉSUMÉ ET CONCLUSION.

Peuples et rois de l'Europe chrétienne, vous avez signé un pacte solennel qui rétablit l'ancienne unité politique de tous les états chrétiens ; vous vous êtes obligés littéralement « à » vous rendre les uns aux autres tous les ser- » vices réciproques, et à témoigner par une bien- » veillance inaltérable l'affection mutuelle par la- » quelle vous êtes portés à vous regarder comme » membres d'une seule et même famille chré- » tienne, » et vous avez reconnu que cette grande famille n'avait en réalité d'autre souverain que

Dieu, notre divin Sauveur [1]. « Les signataires de
» ce pacte ont encore déclaré à la face du monde
» entier leur résolution inébranlable de prendre
» dans l'administration de leurs états respectifs
» et dans leurs rapports politiques avec tout
» autre gouvernement, pour seul guide, l'esprit
» de notre sainte religion, et nommément les
» principes de justice, de charité chrétienne et
» de paix qui, loin de n'être applicables qu'aux
» intérêts privés, doivent avoir une influence
» immédiate sur les conseils des princes et ré-
» gler toutes leurs démarches, comme étant le
» seul moyen de consolider les institutions hu-
» maines et de remédier à leurs imperfections. [2] »

Tels sont vos serments ; la terre en a retenti,
le ciel les a reçus. Ce sont ces intentions généreuses, ces sentiments religieux, ces promesses
sacrées, que vous avez opposés aux intentions

---

[1] Traité de la sainte-alliance, art. II.
[2] *Idem*, préambule.

factieuses, aux sentiments impies, aux espérances chimériques de la révolution. C'est cette idée d'un Europe légitime, libre et chrétienne, qui seule maintient l'ordre actuel des états et des gouvernements; car elle seule peut dominer les passions, concilier les opinions et régler les doctrines; c'est en elle seule que les véritables droits de l'homme s'allient avec le pouvoir légitime de la société. Vos calculs les plus habiles peuvent vous trahir, vos combinaisons d'intérêts porter à faux, vos ressources s'épuiser, vos glaives même s'émousser et se briser comme verre devant l'épée que Dieu aura prêtée à un instrument de ses vengeances; les vérités chrétiennes que vous avez déclarées être les principes de votre politique peuvent seules assurer la stabilité de vos gouverments, la durée de votre alliance, le repos du monde. C'est assis sur ce rocher que vous braverez le torrent des révolutions; osez l'abandonner, et vous ne marcherez que parmi des abîmes.

« L'esprit de notre sainte religion » vous

ordonne de respecter toutes les légitimités, de considérer comme inviolables les droits et propriétés de tout individu et de toute communalité, de rendre à chacun ce qui lui est dû. Peuples, n'empiétez donc pas sur les pouvoirs qui vous protègent contre vos propres erreurs; rois, n'envahissez pas sur les institutions qui soutiennent vos trônes. La civilisation, divisée dans son propre sein, périroit sous les doubles coups de la hache populaire et des sceptres devenus despotiques. Attendez avec une sincère confiance en Dieu le développement paisible de tant d'avantages, de tant de lumières et de tant de libertés que sa Providence a daigné accorder de préférence à notre partie du monde. Laissez germer les semences du bien; si vous remuez sans cesse la terre, vous ne recueillerez que des ronces stériles.

Vous qui poussez les rois à augmenter la pompe de leurs cours, à doubler leurs armées, à écraser leurs peuples d'impôts sans limites, désespérez, votre masque est tombé; votre lâche égoïsme a brûlé son encens impur au pied des faux dieux, vous ne pouvez plus tromper la bonté naturelle des monarques. Et vous aussi désespérez, vous qui, en promettant à la multitude un liberté imaginaire, ne cherchez que votre propre grandeur; vos mains, pleines d'or et de sang, vous ont trahis; le peuple repousse vos dons empoisonnés.

Ce n'est désormais que par une vie laborieuse, par des mœurs sévères, par un devouement vertueux à la chose publique, que le caractère d'homme d'état peut s'acquérir et se conserver. Toutes les routes du vice et de la folie, à force d'être foulées, sont devenues impraticables.

Partez de ce principe, vous qui gouvernez les nations : la morale est désormais la seule règle immuable de toute politique qui veut durer, et la morale de l'Europe c'est la religion chrétienne. Tout ce qui est religieux, charitable et vertueux, tout ce qui est sérieux et studieux, est ami de la royauté ou doit le devenir. Mal-

heur aux trônes qui s'environneroient de la bassesse des intrigants et de la joie des parasites ! L'orgueil intelligent des peuples ne laisse aujourd'hui échapper rien de ce qui peut marquer de la faiblesse ou de l'incapacité dans ses chefs. Il n'est pas possible, il n'est pas même désirable que chaque prince possède des qualités extraordinaires : ce n'est pas une succession des grands hommes qu'exige la monarchie légitime; elle se soutient par la continuation des doctrines, sous des rois consciencieux et justes. Il faut que chaque monarque, sans prétendre à l'infaillibilité, puisse dire à son peuple et à l'univers, avec le roi-prophète :
« Je marchais dans mon innocence et dans la
» simplicité de mon cœur; je ne mettais dans
» mon esprit aucune pensée injuste... Les yeux
» superbes et les cœurs avares, insatiables,
» n'avaient point de place à ma table... Je me ser-
» vais de celui dont les voies étaient innocentes
» et irréprochables. » Rois de la terre, la vertu, fondée sur un sentiment religieux, éclairé et tolérant, inspire seule aux peuples un respect,

que ni les erreurs ni les revers n'ébranlent. Que surtout la vérité puisse faire retentir à vos oreilles sa voix austère mais aimable, et qu'il soit dit, suivant les paroles divines : « Les lèvres » justes sont les délices des rois, et quiconque » parle sincèrement sera aimé. » De là découle l'obligation de ne pas placer le siége du gouvernement dans la domesticité royale, mais dans le grand jour des conseils nationaux.

Nous avons vu que les institutions essentielles du gouvernement représentatif, c'est-à-dire les communes, librement administrées, les conseils provinciaux, les chambres nationales, le vote de l'impôt, la liberté de la presse, l'égale admission aux emplois, la garantie de n'être destitué que sur des motifs légalement jugés, la responsabilité du ministère, l'indépendance de l'ordre judiciaire, s'accordent parfaitement avec la dignité et avec les intérêts d'une dynastie légitime.

Bien plus! nous avons prouvé que la vraie

liberté et la légitimité sociale sont les émanations d'un seul et même principe. Légitimité qui gouverne! liberté qui obéit! C'est la même loi fondamentale et innée de la société politique, agissant dans deux directions différentes, comme ce fluide universel qui, d'un pole à l'autre, pénètre, soutient et anime la masse de notre globe.

L'identité du principe social, soit qu'il protège les légitimités nationales, soit qu'il soutienne spécialement celle du trône, doit annuler cette prétendue opposition entre la royauté et la démocratie, cette antipathie imaginaire entre les monarchies et les républiques, lieu commun de la politique matérielle. Toutes les formes du gouvernement légitime s'appuient et s'éclairent mutuellement; elles peuvent emprunter l'une à l'autre leurs institutions organiques; l'aristocratie, même féodale, peut donner la main à la liberté municipale, et toutes les deux elles peuvent fleurir à l'ombre de la royauté légitime. Mais les vastes études et les savantes combinaisons qu'exige la fondation d'un ensemble d'institutions communales et provinciales effraient la petitesse de ces *ministérialistes*, qui ne comprennent que l'anarchie ou l'uniformité du despotisme. Rois, grands, citoyens, voilà l'ennemi commun de votre concorde! Que de véritables aristocrates protègent la société renaissante! Que ceux qui tiennent les premiers rangs, donnent les premiers l'exemple d'une confiance à la fois généreuse et politique! Que la liberté descende d'en haut, et les supériorités sociales sont à jamais consolidées.

La confiance des peuples est aujourd'hui la seule omnipotence des gouvernements. La société est si puissante, si animée, si agissante, qu'elle ne peut être améliorée que par elle-même. Les guides qu'il lui faut ne doivent être que les équitables dispensateurs des avantages sociaux, les protecteurs du savoir, du talent et de la civilisation, les conservateurs de ces grandes lumières morales et religieuses, sans lesquelles la civilisation elle-même ne serait qu'une corruption policée. C'est une raison impartiale qui seule aujourd'hui peut dominer l'opinion publique. Cette raison politique dans les gouvernements, cette intelligence sociale chez les peuples, ne se développent que par la discussion libre des intérêts publics et par l'activité des institutions légitimes, complètement établies. C'est là l'éducation des gouvernements comme des gouvernés; elle est mutuelle.

Nous avons montré à l'Europe une de ses plus douces espérances dans les vertus personnelles des souverains. La franchise, la confiance, l'affabilité du prince, sont des moyens indispensables pour consolider les légitimités après une révolution. Quel triomphe ces belles qualités ne valurent-elles pas à l'auguste frère de Louis XVIII, lorsque, jugeant tous les cœurs par le sien, il s'élança dans cette capitale remplie de si tristes souvenirs, et peuplée de tant de passions mal assoupies ! Chevalier porte-bannière de la monarchie légitime, il tend la main en signe de paix aux hommes loyaux de tous les partis et de tous les états ; il ne leur adresse que des paroles de bonté, il ne se souvient que de ce qui honore la nation ; son air franc et noble attire le soldat ; ses manières douces et polies enchantent le citoyen ; il leur sourit en ami plutôt qu'en maître, et ne pleure que de joie de revoir sa patrie. Des sentiments aussi touchants ne doivent-ils pas ramener tous les sentiments ? Un caractère aussi bienveillant n'est-il pas une loi vivante, une loi de paix et d'amour ? Oui, la bonté est une puissance ; il y a du génie dans le cœur des Bourbons.

Quel obstacle, quelle crainte pourrait maintenant empêcher l'Europe de s'assurer pour des siècles un ordre légitime, de se donner un droit public plus complet, et de former un grand pacte pour le maintien de sa paix intérieure ? Les principes de légitimité, rétablis ou consolidés dans chaque société particulière, ont besoin d'être placés sous la sauvegarde d'un principe commun et dominant. Sans cette unité conservatrice, les nations, les dynasties et les églises se trouveraient encore livrées à leurs anciennes rivalités, et à chaque instant elles seraient exposées à se combattre. Il faut d'abord qu'un équilibre des forces matérielles éloigne le danger des guerres politiques. Une alliance fraternelle et chrétienne doit déterminer et consacrer, par des traités solennels et positifs, ce droit public et européen dont nous avons retracé ici les principes. Si toutes les imperfections introduites ou restées dans la distribution des territoires ne peuvent être rectifiées, si tout élément de combats et de dangers futurs ne peut être évité, s'il est des injustices dont la réparation en ferait naître d'autres, il est pourtant plusieurs améliorations faciles par lesquelles un congrès général, plus tranquille, pourrait consolider les garanties déjà créées en faveur d'une longue paix. Il est des scandales, des désordres, des objets d'horreur que l'Europe a le droit d'éloigner de son voisinage.

Écoutez, rois chrétiens, écoutez la Grèce, cette mère de vos institutions et de vos lois, cette seconde mère de la sainte religion à laquelle vos croyances se rattachent ; vous la voyez meurtrie de coups, couverte de sang, et traînant encore les débris de ses chaînes ; mais vous la voyez aussi animée d'un courage céleste, rayonnante de la foi des martyrs, et levant sur de nouvelles Thermopyles cette croix qui fait pâlir les enfers. Elle ne vient pas vous accabler de ces reproches violents et injurieux que l'esprit révolutionnaire vous adresse si souvent en son nom et pour le détriment de sa cause. Elle sait que, n'étant pas une nation reconnue par vos traités récents, elle ne peut pas demander vos services comme un droit positif et formel ; elle connaît les conventions publiques qui assurent la paix entre vous et ses barbares oppresseurs, elle apprécie les liens qui vous retiennent et les craintes qui vous arrêtent. C'est sur vos propres principes, mieux entendus, qu'elle fonde ses réclamations, pour qu'enfin votre raison cède au mouvement si long-temps comprimé de vos cœurs.

« Sommes-nous un peuple révolutionnaire, se
» refusant au devoir du chrétien de supporter
» avec patience même les injustices de son maî-
» tre légitime ? Non, nous sommes le reste d'une
» nation vaincue, conquise, subjuguée, mais qui
» n'a jamais été légitimement incorporée dans
» l'empire ottoman : car jamais nos tyrans ne
» nous ont donné la moindre garantie de notre
» vie, de nos propriétés, de tout ce qui constitue
» une société humaine légitime; ou si, au mo-
» ment de la conquête, ils ont accordé à quel-
» ques provinces des conventions simulant ces
» garanties, ils les ont perfidement désavouées,
» outrageusement violées dès l'instant où ils
» ont cru pouvoir impunément le faire. Nous
» sommes une nation chrétienne qui, depuis
» trois siècles, lutte contre les envahisseurs de
» son pays. Cette nation est votre alliée devant
» Dieu et devant vos consciences; elle est cette
» même nation en faveur de laquelle vous avez

» souvent (et notamment en 1461) conclu des
» alliances générales, obligeant toute la chré-
» tienté à ne cesser ses efforts pour la déli-
» vrance de l'église d'Orient et pour celle des
» pays appartenants à l'empire romain orien-
» tal. La barbarie ne saurait établir une pres-
» cription contre les légitimités religieuses et
» politiques de l'Europe. En réformant votre
» grande fédération, peuples européens, vous
» avez dû reprendre l'esprit de vos anciens
» pactes d'unité, et vous devez saisir sans
» crainte comme sans déloyauté les occasions
» que la barbarie ne manque point de vous offrir
» pour appliquer le droit d'intervention. Vous
» avez foudroyé aux rives du Tage l'hydre
» de l'anarchie; celle de la tyrannie oserait-elle
» seulement vous attendre aux rives du Bos-
» phore? Pouvez-vous douter de votre pouvoir
» quand vous voyez avec quels désavantages
» la Porte lutte depuis quatre ans contre une
» poignée de paysans et de pêcheurs? Pouvez-
» vous douter de votre devoir lorsque tous les
» jours la tyrannie, couvrant la terre de ruines

» et la mer de cadavres, brave non seulement
» les lois de la justice universelle, mais encore
» celles du bon sens? Un incendiaire qui met-
» trait le feu à sa maison n'autoriserait-il pas
» l'intervention des voisins? Or, tous les jours,
» la conduite du gouvernement musulman ac-
» célère l'époque d'une insurrection générale
» dans tout l'empire, insurrection qui, met-
» tant en danger les intérêts commerciaux de
» tous les états européens à la fois, amènerait
» la nécessité d'une intervention dans des cir-
» constances bien plus compliquées que celles
» du moment actuel. Vous hésitez aujour-
» d'hui, parceque les intérêts de trois grandes
» puissances diffèrent à l'égard d'un démem-
» brement de la Turquie, et parceque cette
» divergence même rend nécessaire la conser-
» vation de cet empire comme contre-poids ou
» plutôt comme intermédiaire entre ces inté-
» rêts colossaux. Mais si vos hésitations allaient
» amener une crise plus grave!... Pourquoi ne
» pas diminuer les éléments de fermentation
» en assurant aux faibles restes de la nation

» grecque un asile indépendant dans quelques
» îles et péninsules ? Cette Suisse maritime ne
» jetterait aucun poids nouveau dans la balance
» politique, et peut-être la cessation de la lutte
» avec les Grecs contribuerait-elle à assurer
» à l'empire ottoman, sinon un prolongement
» d'existence, du moins une dissolution plus
» paisible et plus lente. La politique matérielle
» des intérêts conseille déjà cette intervention ;
» la politique supérieure de la légitimité la
» sanctifie et en marque le véritable caractère.
» Étendre au loin l'empire de la justice et
» de l'humanité, faire reculer la barbarie de-
» vant la civilisation, affermir le système de
» la légitimité chrétienne, ce n'est pas un but
» ambitieux de conquérants ordinaires ; c'est
» une maxime permanente de toute fédération
» fondée sur la croyance de la croix. Tout roi,
» tout peuple qui adore Jésus-Christ, est en
» croisade perpétuelle contre les ennemis de
» son nom. Il faut sans doute épurer cette idée
» juste et profonde de nos braves aïeux ; il
» faut en écarter les agressions frivoles et les

» conquêtes intéressées ; il faut séparer l'inno-
» cence des peuples musulmans de l'infamie
» de leurs gouvernements : mais avec ces mo-
» difications, le devoir de comprimer la puis-
» sance des infidèles subsiste toujours pour les
» puissances chrétiennes. »

C'est ainsi que s'adresse aux membres de la sainte alliance la Grèce ou plutôt l'humanité et la religion. Bien d'autres intérêts communs de la fédération chrétienne demanderaient un examen solennel. D'immenses contrées, peuplées de colonies européennes, éprouvent encore une agitation intérieure qui les empêche d'arriver à un état stable, et pourtant ce sont ou des provinces de monarchies européennes, ou de nouvelles nations, filles de l'Europe, et qui ne sauraient lui rester indifférentes. Faut-il se fier à la nature des choses qui, au sein de ces peuples très religieux et très étrangers à nos révolutions, présente les germes d'un ordre politique favorable à tous les principes de la véritable légitimité? Mais, dans tous les cas, c'est un intérêt européen, c'est une question que la grande fédération ne saurait abandonner aux calculs d'une politique vulgaire.

Cette confédération doit s'étendre aux églises diverses qui adorent Jésus-Christ, et qui toutes ont un intérêt commun au maintien des idées morales et religieuses. Que le peu de succès des anciennes tentatives de réunion ne nous décourage pas! On avait pris une fausse route; on voulait achever en un instant et avec les faibles moyens de l'homme, ce que, plus modeste, la génération actuelle ne doit que préparer, en laissant au temps et à la Providence le soin de le faire arriver. Discuter de nouveau les différences de dogme, tant de fois discutées, dérouler savamment le trop vaste tableau des opinions, des définitions, des distinctions, offrir quelques concessions insignifiantes et en demander d'importantes, voilà comme on ranime les discordes, et voilà précisément comme on a traité autrefois l'affaire de la réunion des chrétiens. Un esprit plus doux semble se manifester ; les orages de la polémique grondent avec moins de violence, et le souffle divin de la charité commence à planer sur les flots apaisés. Il nous semble qu'une idée neuve et grande a frappé en même temps les bons esprits dans les diverses communions, et qu'ils se rencontrent aujourd'hui dans la recherche d'un principe de *pacification* religieuse, comme préparation nécessaire à tout rapprochement ultérieur. Ce principe existe ; il suffit de le reconnaître dans toute son étendue et d'en rappeler les applications trop longtemps négligées.

La charité, « qui ne périt jamais ; » la charité, qui sait « tout espérer et tout supporter, » impose à tous ceux qui adorent Jésus-Christ, soit individus, soit communions, des devoirs spéciaux qui ne cessent pas même avec la destruction de l'unité religieuse parfaite. Ceux qui partagent notre foi sur la plupart des points doivent toujours nous paraître comme des frères qu'il faut ramener, et non pas comme des ennemis à combattre ; parlons-leur *en toute douceur d'esprit,* et non pas avec un ton de supériorité qui les irrite ; parlons-leur *selon la doctrine ,* opposons - leur des raisonnements pacifiques, et non pas des reproches personnels, des injures vieillies ; évitons, à leur égard, *les discussions superflues ou subtiles* qui proviennent d'un *esprit de dispute et d'envie :* tels sont littéralement les conseils du plus savant et du plus zélé des apôtres [1]. Considérons donc tout chrétien d'une église légalement établie en Europe comme notre frère légitime sous tous les rapports qui ne blessent pas la foi de notre propre église. « Quiconque croit que Jésus est le Christ, » est l'enfant de Dieu, » dit l'apôtre que le Sauveur lui-même pressait contre son cœur [2]. « Tout ce qui est né de Dieu, ajoute-t-il, surmonte le monde. » Il existe donc un lien religieux même entre les communions chrétiennes

---

[1] S. Paul, II *Thessalon.*, III, 15 ; *Philipp.*, I, XV, 16 ; id., II, II, 3 ; II *Timoth.*, IV, 2. — [2] S. Jean, Ep. I, v, 1.

différantes d'opinion sur plusieurs points, mais unies par l'adoration du Christ, et elles doivent se considérer comme confédérées contre le monde, contre l'impiété du siècle; elles se doivent du respect, de la bienveillance, des secours contre les ennemis communs. Si quelques opinions de nos frères nous paraissaient des erreurs graves, tâchons du moins, par les interprétations les plus indulgentes, d'absoudre leurs intentions. «Cherchez, nous » dit l'apôtre des gentils, cherchez la charité et » la paix avec ceux qui invoquent d'un cœur pur » le Seigneur[1].» Oserions-nous nous ériger en juges de la pureté des cœurs ? « Il n'est qu'un » seul législateur qui peut sauver et qui peut » perdre; mais toi, qui es-tu, qui condamnes » les autres[2]?» L'archange luttant avec le prince des enfers, n'osa le maudire; et nous, faibles humains, nous lançons des malédictions que les esprits, ministres de l'Éternel, trembleraient

---

[1] S. Paul, II *Timoth.*, ii, 22. — [2] S. Jacques, iv, 12.

de prononcer[1] ! « La sagesse qui vient d'en haut » est moins orgueilleuse; « elle est pleine de miséricorde et de bons fruits[2]. »

C'est en s'appuyant sur ces préceptes divins que les communions chrétiennes peuvent, sans la moindre atteinte à leur foi, conclure une pacification authentique et solennelle, pacification plus nécessaire que jamais au bonheur, au salut de l'Europe, au maintien de la grande alliance et du principe de la légitimité. Comment ces bases du droit public pourraient-elles se consolider si chaque société religieuse regardait l'autre comme *illégitime*, si d'un royaume à l'autre la haine et la défiance désignaient les rois eux-mêmes comme des réprouvés, comme des ennemis de Dieu? Chaque église ne tâcherait-elle pas à définir dans son intérêt temporel la doctrine même de la légitimité? Que de sources de discordes civiles! Que d'éléments de révolutions politiques !

---

[1] S. Jude, 9. — [2] S. Jacques, III, 17.

Les gouvernements auraient donc le droit d'imposer cette loi de pacification aux églises que l'état protège. Mais il serait plus consolant de voir les sociétés religieuses, traitant entre elles, signer ces touchants *préliminaires*. C'est tout ce que peut la foiblesse humaine ; elle doit laisser à l'Esprit tout-puissant de la vérité le soin d'amener une réunion plus intime. Lui seul en sait le jour ; mais nous devons préparer son chemin. Semons sur sa route les offrandes de l'humble charité, tenons prêtes les guirlandes de la paix et de l'innocence.

Un grand monarque partage ces idées et s'associe à ces vœux ; sa prière pieuse s'élève tous les matins vers le ciel pour en demander l'accomplissement ; son immense empire voit régner la loi de la charité chrétienne. D'autres princes font éclater la même pensée. Le moment est heureux, mais il est passager ; une prépondérance politique et militaire incontestable élève aujourd'hui les puissances du culte grec et du culte évangélique bien au-dessus des états catholiques; elles peuvent, sans honte, tendre la branche d'olivier à ceux qu'elles ont protégés et sauvés. Mais toi, superbe Angleterre, pourquoi refuses-tu de seconder ce généreux essor? Cesse de vanter ta civilisation et ta philosophie, ou cesse d'opprimer l'antique église d'Irlande, en retenant ses ministres dans un état d'indigence et d'opprobre. Toi aussi, île si féconde en hommes saints et en hommes savants, île qui, dans le moyen âge, répandis tes clartés jusqu'aux rivages de Norwège, où, à travers les flots hyperboréens, la vierge-martyre d'Hibernie porta les premières semences de la grâce, subis, ô Irlande! subis avec plus de patience la croix que t'impose la Providence, et n'accepte pas, pour briser un joug injuste, les funestes secours de la révolte. Alors tes ennemis mêmes, dans un noble repentir, viendront implorer ton amitié fraternelle.

C'est ainsi que, réunie sous une grande loi, l'Europe peut marcher en avant dans toutes les voies de la civilisation. Mais ce tableau consolateur pourrait-il se réaliser pour la génération présente, si, toujours entraînée dans le vague des théories, elle n'accorde aucune confiance aux gouvernements légitimes, aucun respect aux institutions existantes, aucune attention aux leçons de l'expérience? Heureux les peuples qui, ennemis de la violence, ne réclament que de la sagesse de leurs gouvernements une réforme pacifique et progressive; c'est à eux que viendra la liberté, non pour traverser leur pays comme un météore, mais pour s'y fixer comme un astre bienfaisant. Heureux les rois qui, guidés eux-mêmes par une lumière immortelle, sauront guider la raison humaine dans ses efforts pour le perfectionnement de la société. Heureux les peuples et les rois qui n'oublieront jamais la seule véritable route de la perfectibilité, cette sainte religion, qui élève les âmes, épure les passions, et donne au cœur la paix de la sagesse; ils trouveront sous leur main tous ces éléments de bonheur, de liberté et de puissance, que la politique cherche si souvent en vain dans ses combinaisons laborieuses; ils attaqueront les vices de la société dans leur source même; en commençant par la réforme de leur propre être, ils s'assureront la seule base solide de toute liberté et de tout pouvoir; devenus meilleurs eux-mêmes, ils sentiront tout s'améliorer autour d'eux comme par une influence secrète et mystérieuse. Ceux qui commandent rencontreront moins d'envieux, d'ingrats, de rebelles; ceux qui obéissent; éprouveront moins de contrainte et moins d'humiliation; tous, ils s'aimeront, ils se respecteront comme égaux devant le juge éternel, devant le monarque suprême; tel est l'effet immédiat d'une vie chrétienne. La religion, en diminuant l'empire du vice, fait disparaître les causes les plus fréquentes des malheurs et des troubles qui affligent les états; la religion, en propageant les habitudes de la vertu, rend la loi plus efficace, l'administration plus aisée, la liberté moins orageuse, et le principe vital de la société plus durable. Puisez donc, puisez profondément, ô peuples et rois, dans ces sources qui ne tariront jamais!

CHAPITRE XX. 291

Ces peuples fleuriront d'âge en âge ; ces trônes brilleront d'un éclat durable ; ces empires verront les siècles s'écouler autour d'eux, et pourtant la perpétuité ne leur est pas promise. Nations puissantes, un jour vous serez dispersées ; dynasties augustes, vos tiges se dessècheront ; et toi, majestueuse Europe, le temps viendra peut-être où le flambeau des arts et les foudres de la guerre s'éteindront dans tes mains tremblantes de vieillesse. Rien de mortel ne dure à jamais. La seule cité de Dieu est éternelle. Élevons vers elle notre pensée, fatiguée à chercher les principes des institutions humaines, et à suivre la trace de quelques vérités limitées au temps et à l'espace. Les vérités immortelles dont notre esprit est altéré ne brillent que dans le sanctuaire de Dieu. C'est en ne perdant jamais de vue ces astres immobiles, que le chrétien s'élève au-dessus des institutions périssables de la société politique, également préparé à jouir dignement des bienfaits d'un gouvernement légitime, et à supporter avec courage les calamités de la tyrannie, également inaccessible aux menaces d'un despote et aux fureurs de la multitude, pleurant (car il est homme et citoyen) sur les ruines de la liberté, mais surmontant (car il est immortel et enfant de Dieu) les vicissitudes du monde, et attendant avec une humble confiance ces jours garantis par la bonté infinie, ces jours où la cité de Dieu réunira tous les peuples, où des voix célestes diront du haut des airs : Les hommes sont libres ! et les hymnes de la terre entière répondront : *Dieu seul est souverain !*

Terminé le 15 septembre 1824.

ÉLOGE HISTORIQUE
DE SAINT LOUIS,

ROI DE FRANCE.

25 aout 1817.

ÉLOGE HISTORIQUE

DE SAINT LOUIS,

ROI DE FRANCE.

« Qu'avons-nous besoin de Dieu? se sont dit les faux
» sages : qu'il règne aux cieux, nous gouvernerons sans lui
» la terre; sans lui nous assurerons le bonheur des em-
» pires et la liberté des peuples. » Vain orgueil! funeste
présomption! vous livrez la voile à tous les vents, et vous
détournez vos yeux du seul astre immobile qui éclaire
votre route. Que peut, sur le cœur changeant de l'homme,
une sagesse qui change elle-même? Vous renvoyez les
peuples et les rois aux sévères leçons de l'histoire; mais
ces leçons empêchent-elles les conquérants de se précipiter les uns après les autres dans cette carrière de la
fausse gloire qui fume encore du sang de leurs devan-
ciers, et qui est jonchée des débris de tant de grandeurs
antiques et récentes? Que font les savantes combinaisons
de votre politique? Du fond des déserts ou de quelque
contrée obscure, il sort une puissance nouvelle, qui dé-
range cet équilibre si péniblement établi; il naît sur

quelque lointain rivage un sujet de dispute qui, soudain, complique de nouveau ces intérêts si habilement débrouillés. Que font enfin, sans l'appui de la religion, ces lois calculées avec tant de profondeur; ces principes qui doivent enchaîner à jamais les caprices des rois et l'inconstance des peuples? La mollesse les oublie, ou la discorde s'en fait des armes; la flatterie et la complaisance enseignent à les éluder. Impuissante sagesse, où sont tes ressources? Quel frein donner à tant de passions? quel appui à tant de faiblesse? quel guide à tant d'aveuglement? Il n'en est qu'un: l'éternelle majesté de la loi divine.

Heureux le roi, heureux le peuple qui cherche dans la morale religieuse le premier principe de sa politique! qui soumet tous ses vœux et tous ses projets à ces immuables règles de justice et de sagesse, dont le christianisme offre les trésors les plus purs et les plus abondants! qui, dans les triomphes, dans les revers, rapporte tout à cette divine providence, devant laquelle aucune grandeur humaine n'est sans crainte ni aucune misère terrestre sans consolation! Cette intime influence de la religion sur la politique n'a rien qui ne s'accorde avec la vraie philosophie, rien qui ne satisfasse la raison la plus éclairée. Elle ne ferme pas la route des grandeurs temporelles, elle y assure nos pas, en nous retenant dans les sentiers de l'équité et de la modération; elle n'enchaîne pas le courage des héros, elle leur imprime un nouveau caractère d'humanité, de modestie et d'élévation; loin de saper les libertés civiles et politiques, elle leur donne des bases immortelles, en mariant la palme céleste à la couronne de chêne; loin de retarder le perfectionnement de la civilisation, elle agrandit les idées des législateurs, elle épure les lumières du siècle, elle devance même la marche de la sagesse mondaine.

Ces vérités trouvent la plus heureuse confirmation dans l'histoire de saint Louis, de ce grand et bon roi, qui a dû aux seules inspirations du christianisme sa triple élévation au-dessus de son siècle, comme législateur, comme politique et comme guerrier.

Charlemagne avait substitué à l'anarchie militaire de nos premières dynasties un vaste système d'administration; mais il n'avait pas jugé son siècle susceptible des bienfaits d'une législation complète. L'autorité des grands vassaux ayant dénaturé l'organisation de sa monarchie, le pouvoir royal était devenu le contre-poids de toutes les injustices, le centre de tous les intérêts populaires, le seul boulevard de toutes les libertés individuelles. Ce pouvoir, sous Louis-le-Gros et sous Philippe-Auguste, s'était essayé à donner des lois générales; mais le gouvernement féodal, consolidé par des pactes solennels, semblait bannir l'idée même d'une législation méthodique. Saint Louis trouve son peuple livré à une justice arbitraire, à des lois si vagues et si peu connues, qu'elles étaient presque toujours un sujet de doute pour les juges eux-mêmes. Mais une loi divine, une loi universelle était gravée dans le cœur pur et simple du monarque; elle réglait toutes ses actions et toutes ses pensées: grâce à la religion, il se rend lui-même un modèle vivant de justice, avant de commander aux autres d'être justes. Il regarde comme le plus grand malheur d'envahir ou de retenir le bien d'autrui; il établit des bureaux de restitution, chargés d'acquitter les dettes qu'aucune loi ne le forçait à reconnaître, mais que sa conscience seule lui rendait sacrées; il ordonne à ses officiers de prononcer contre lui-même en cas de doute. Les revenus de la couronne, loin de diminuer, augmentent par cette loyauté, qui inspire l'amour, la confiance et la tranquillité. Les injustes voient avec étonnement tout affluer autour de celui qui ne demande rien que de juste. Saint Louis leur donne encore une autre leçon: non seulement il veille sur la conduite des magistrats, mais il consacre lui-même ses moments de loisir à la répression de l'injustice; assis sur un trône de gazon, ou marchant sous un dais de feuillage, il écoute les plaintes du pauvre, il concilie les intérêts des grands, il dicte des sentences arbitrales, qui bientôt répandent, depuis le palais jusque dans le dernier hameau, la réputation de la haute sagesse du roi. Alors, l'opinion publique lui rend tout le pouvoir que la féodalité semblait lui avoir ravi; ce n'est plus, aux yeux des peuples consolés, un mortel, un juge, un prince : c'est la justice, c'est la raison, c'est, en quelque sorte, la Divinité elle-même. La conscience d'un seul a réveillé la conscience de tous; un mouvement irrésistible ramène tous les esprits aux lois immuables de l'ordre moral, tout fléchit, tout cède devant ces flots de justice et de sagesse, dont le cœur d'un monarque pieux fut la pure et noble source. Les vassaux reconnaissent la suprême juridiction royale; les ecclésiastiques commencent à se soumettre aux tribunaux ordinaires; le duel judiciaire est aboli; les formes de la procédure sont améliorées et fixées; enfin, les oracles épars de la loi sont recueillis et consacrés dans ces célèbres Établissements où saint Louis lui-même a proclamé le secret de sa puissance, « *en appelant l'aide de Dieu, qui est juge droicturier sur tous autres.* »

Quel sage mondain eût obtenu de semblables triomphes? Un roi, doué d'un vaste génie; mais privé des lumières de la religion, aurait en vain voulu arracher par force ce qu'un monarque pieux obtint par persuasion. Jamais saint Louis n'essaya l'usage du pouvoir absolu, même pour faire le bien.

« *Les Français,* dit-il à son fils, *ne sont esclaves des rois, ains plutôt des lois du réaume.* » Dira-t-on que, plein de ce respect pour les lois anciennes, saint Louis a trop ménagé les institutions féodales? Mais ce législateur aussi prudent que consciencieux a précisément dû à sa modération le succès et la stabilité de son ouvrage. En empêchant l'oppression du tiers-état, en honorant le mérite sans aïeux, il ne crut pouvoir toucher à aucun droit consacré par des pactes et des conventions. Ce principe de légitimité qui distingue une *réforme* d'une *révolution*, ce grand et éternel principe, était donné à saint Louis par la morale évangélique: « Malheur à qui envahit ! Malheur à qui dépouille ! » Les changements politiques dirigés par cette loi divine ne ressemblent pas à l'orage dévastateur, mais à la douce et bienfaisante rosée, qui répand partout une vie nouvelle, et, sans rien détruire, fait changer la face de la terre.

Les mêmes inspirations religieuses élevèrent la politique extérieure de saint Louis à un point de grandeur et de sublimité que la philosophie humaine ne pourra s'empêcher d'admirer et d'envier. Ce beau rêve d'une paix perpétuelle ne fut jamais plus près de se réaliser que sous les auspices du saint roi de France. Que de guerres prévenues ou terminées par son intervention ! Les princes de l'Europe venaient soumettre à sa décision pacifique ces différents qu'autrefois les armes seules décidaient; ils baissaient leurs sceptres devant ce trône où siégeaient la droiture et l'équité; ceux qui étaient arrivés avec le cœur gonflé de haine et de vengeance, s'en retournaient calmés et pleins de la persuasion que les états de l'Europe chrétienne devaient se considérer comme les membres d'une confédération sainte et éternelle. Qui avait ainsi fait devancer par saint Louis les lumières de son siècle? C'était une religion de paix et de fraternité, qui, méditée par ce monarque jour et nuit, fécondait son génie, et lui révélait des pensées élevées au-dessus de la politique vulgaire. Mais quel pouvoir lui facilitait l'exécution de ses grandes pensées? qui lui livrait le cœur des rois et des peuples? C'était encore la religion, qui, en modérant ses désirs, lui faisait abandonner toute prétention douteuse, l'éloignait de toute vue ambitieuse, et le plaçant ainsi au-dessus de tous les intérêts, l'en rendait l'arbitre le plus digne de confiance. Aucun roi chrétien ne pouvait craindre ce puissant monarque qui craignait Dieu; aucun peuple ne pouvait se défier de cet apôtre de la paix qui voyait dans tous les peuples une seule famille.

A l'exemple de ses aïeux, saint Louis avait fait sentir aux ennemis le poids de son épée, et le pont de Taillebourg avait reconnu le descendant du vainqueur de Bouvines; mais, toujours avare de sang, il aima mieux conquérir l'estime des Anglais, que d'envahir leurs provinces. Il ne veut pas même profiter des discordes intestines de ces anciens ennemis de sa couronne; il réconcilie le roi d'Angleterre avec ses barons révoltés, il épargne à ce peuple une guerre civile; et, au lieu d'en être le vainqueur, il en devient l'arbitre, le législateur et le père. Une longue paix, fruit de cette généreuse conduite, affermit la puissance intérieure de la France.

Ce fut par de semblables traits de vertu que saint Louis acquit sur le reste de l'Europe une autorité moins contestée que celle des empereurs et des papes. On vit même ces deux chefs de la chrétienté, désunis par de violentes querelles, venir implorer l'arbitrage du monarque français. Ne craignez-vous pas que ce roi, si scrupuleux à remplir les exercices de son austère dévotion, ne laisse fléchir entre ses mains la balance de la justice en faveur du successeur de saint Pierre? Non, il sait distinguer l'église de Dieu d'avec la cour de Rome; et de même que, dans l'intérieur de son royaume, il avait réprimé les prétentions des légats et fondé les libertés de l'église gallicane, il défend au dehors les droits des couronnes contre les usurpations de la tiare; il tend la main à l'empereur son ennemi, et refuse au pape même l'entrée du royaume.

Cette noble indépendance d'un esprit d'ailleurs si humble devant les autels, si timide devant Dieu, ne pouvait manquer de conduire saint Louis au principe de la tolérance civile envers les sectes. Des ordres sanguinaires avaient, pendant sa minorité, perpétué la cruelle persécution des albigeois; arrivé à un âge plus mûr, il révoque ces mesures, de même que les édits publiés en son nom, « comme n'ayant été destinés qu'à inspirer de la crainte. [1] »

Avec ces hautes et fortes pensées, saint Louis semblait appelé à fonder pour l'Europe entière un nouvel ordre social, ou, pour mieux dire, à terminer et à consolider cette nouvelle civilisation qui devait naître de l'union du christianisme et de la chevalerie avec une législation civile perfectionnée. Mais combien d'éléments discordants fallait-il réunir, combien de dangers fallait-il prévenir pour arriver à ce grand but, si digne du plus saint et du meilleur des rois ! Au dedans, une foule de princes et de grands vassaux toujours prêts à retourner aux usages de l'anarchie militaire; au dehors, un essaim de peuples barbares et fanatiques, rugissant aux portes du monde chrétien et toujours affamés du sang et de la dépouille des adorateurs de la croix. La politique ordonnait de tourner contre cet

---

[1] « *Quæ* durius *scripserimus* ad terrorem. »

ennemi les forces tumultueuses qui fermentaient dans l'intérieur de la chrétienté; ce que conseillait aux rois la prudence, la voix de l'honneur et celle de la pitié l'ordonnaient aux frères d'armes de ces infortunés chrétiens d'Asie, qu'un féroce vainqueur plaçait entre les horreurs de la mort et la honte de l'apostasie. Ces tableaux déchirants agitaient la grande âme de saint Louis, et la remplissaient de pensées héroïques. *Roi de France, va venger tant de désastres!* voilà ce que lui disait une voix intérieure; non pas dans un accès de fièvre, mais dans l'élan le plus pur d'un cœur ami de Dieu et des hommes. Ayant accepté cette vocation vraiment divine, il y resta fidèle jusqu'à la mort.

« Aimer Dieu jusqu'à mourir plutôt que de le trahir: » voilà la maxime qu'une tendre mère avait comme implantée dans son âme.

« Aimer les hommes jusqu'à mourir pour leur bonheur: » voilà ce que les propres méditations de saint Louis sur le sacrifice de Jésus-Christ l'avaient accoutumé à considérer comme le devoir des rois. Ce furent là les deux seuls principes de son héroïsme, de cet héroïsme dont une vaine gloire n'était pas le but, et dont ni les fers ni la défaite ne pouvaient ternir l'éclat.

C'est ici que se manifeste à notre esprit attentif toute la sublimité de la morale religieuse. Une valeur chevaleresque n'est que le moindre trait de l'héroïsme de saint Louis; il faut y joindre la résignation de Socrate, la modestie d'Épaminondas, l'humanité de Scipion, le stoïcisme de Caton. Mais pourquoi accumuler ces comparaisons? disons simplement que saint Louis fut le modèle d'un héros chrétien. Voyez-le dans le triomphe! Il n'entre pas à Damiette sur un char magnifique, revêtu d'habits éclatants d'or et de pourpre; il suit, à pieds nus, l'étendard victorieux de la croix, et dans ses cantiques pieux il offre au Roi des rois toute la gloire de ses armes. Voyez-le dans la captivité. Les féroces émirs de l'Égypte, tout couverts du sang de leur sultan, lèvent sur le monarque chrétien un fer assassin, et veulent lui prescrire des serments contraires à sa religion; il leur oppose un regard calme et serein, il récite les louanges de l'Éternel; soudain ces barbares tombent à ses pieds, et, désarmés, disaient-ils, par l'aspect de ce véritable chrétien, ils ouvrent le chemin de la retraite aux débris de l'armée française.

A ces mots de *débris*, de *retraite*, j'entends murmurer la politique vulgaire. Eh, depuis quand donc le succès est-il nécessaire pour justifier une entreprise dictée par l'honneur et le patriotisme? Léonidas, succombant aux Thermopyles n'est-il pas plus grand, plus juste, plus sage qu'Alexandre vainqueur aux bords de l'Euphrate et de l'Indus? La postérité a recueilli plus d'un noble fruit du sang illustre versé aux plaines de Massoura; et si les projets du roi avaient eu leurs exécutions, si les hordes de l'Asie avaient été repoussées seulement au-delà de l'Euphrate et du désert, quelle moisson d'avantages politiques n'aurait pas suivi une entreprise conçue par la simple piété et le pur enthousiasme? La Syrie et l'Égypte, devenues le boulevard de la chrétienté, seraient en même temps devenues les plus utiles colonies de l'Europe, et le centre du commerce le plus avantageux à la France, du moins jusqu'à la découverte du Nouveau-Monde. Mais, sans nous livrer à ces recherches, demandons quel héros et quel monarque montra jamais plus de sensibilité sur la perte de ses braves compagnons? « Il faut adorer, disait-il, les jugements de l'Éternel. » Mais après avoir rendu cet hommage à la religion, il ne cacha point sous une prétendue majesté les mouvements de la nature et de l'amitié; il donna un libre cours aux larmes qui tombaient de ses yeux *moult grosses*, dit le fidèle Joinville. Il fit plus, il remplit auprès des malades et des mourants les humbles devoirs d'un *frère hospitalier*, il essuyait de sa pourpre royale des pleurs qu'il ne faisait pas couler : car aucun ordre sévère n'entraînait sur ses pas les guerriers de la France; leur libre choix les avait engagés dans la croisade.

Ce caractère de simplicité et de grandeur, particulier aux héros chrétiens, brille surtout dans la mort de saint Louis. Il semble que la Providence ait voulu la mettre en harmonie avec sa vie. Il ne devait pas, comme le roi Sébastien, disparaître au milieu de la fureur des combats, sous une grêle de traits ennemis, sous un tas de Maures immolés par sa main. Son dernier sacrifice devait réunir aux angoisses du trépas le calme et les joies du ciel. Un recueillement religieux, les prières des chrétiens et les soupirs des Français devaient environner le lit de cendres d'où il dictait, d'une voix ferme et tranquille, ce testament qui, d'âge en âge, a transmis à ses descendants son esprit de sagesse et de justice. La paix des tombeaux et la clarté des demeures célestes semblent s'unir sous la tente funèbre et glorieuse de ce héros qui abandonne la terre, et de ce saint qui s'élance aux cieux. C'est sa mort qui a révélé à ses contemporains même toute sa grandeur; les autres héros et monarques perdent, en mourant, leur autorité sur leurs survivants; et si on respecte leur mémoire, on méconnaît leurs volontés. Saint Louis commande encore du fond de son cercueil à son armée en pleurs, à son peuple consterné, à l'Europe affligée. A peine son règne terrestre est-il fini, et déjà son règne céleste commence : règne sans fin, sans limites, car il s'étend sur tous les hommes justes et sages, jaloux d'imiter ses vertus; il s'étend même sur les esprits profanes et infidèles, sur le païen et le musulman. Mais aux yeux des chrétiens, la religion le couronne de la palme resplendissante du martyre, et, placé aux pieds du trône du Tout-puissant, ce monarque immortel semble toujours répéter la touchante prière qui jadis expira sur ses lèvres : « *Sei-* » *gneur, ayez pitié de ce peuple que je laisse entre vos* » *mains ; daignez le conduire, et ne permettez pas que* » *mes sujets, tombant au pouvoir de vos ennemis, se* » *voient exposés à renoncer à votre saint nom.* »

LES
TOMBES ROYALES.

21 JANVIER 1817.

LES
TOMBES ROYALES.

La politique des nations s'exprime souvent dans le langage figuré des monuments. Les tombeaux des magistrats, des héros et des rois sont comme autant de paroles muettes des générations passées, paroles augustes qui proclament la perpétuité de la patrie et l'éternelle inviolabilité de l'ordre légitime.

Sous le despotisme, la patrie n'existe point, et le trône lui-même n'a point d'avenir. Les palais, les tombeaux, tout est viager, tout est personnel. Un mausolée éternise l'orgueil d'Auguste ou la vanité d'Adrien, mais la chaîne de la légitimité ne réunit point les monuments isolés de ces empereurs dont la puissance militaire n'avait aucun fondement légal, ni dans l'ordre républicain, ni dans l'ordre monarchique. Rome montrait les tombeaux héréditaires de la famille des Césars, de la famille Flavienne, de la famille Antonine; elle ne connut point de tombes impériales. Même lorsque le despotisme s'est perpétué pendant quelque temps dans une dynastie, il sépare, dans la mort comme dans la vie, ses intérêts de ceux de la patrie. Les pyramides attestent la grandeur des Pharaons et la servitude de l'Egypte.

Les conquérants, comme ces météores passagers qui enflamment pendant quelques instants la voûte céleste, inspirent peu d'intérêt après le moment qui les a fait disparaître. Le vainqueur de Darius resta sans sépulture pendant que ses généraux se disputaient sa succession; il ne revint jamais dormir auprès de ses pères. Le monde ignorera toujours la place qui garde les cendres d'Attila; au milieu des déserts, agrandis par ses armes dévastatrices, un fleuve est détourné momentanément de son cours; dans le lit qui reste à sec, les Huns ensevelissent leur roi avec tous ses trésors et avec des centaines de victimes humaines immolées à son ombre; puis ils rouvrent la digue qui retenait le fleuve, et les eaux, reprenant leur ancien cours, dérobent à jamais aux vengeances de l'univers celui qui avait cessé d'en être la terreur.

Une idée moins gigantesque et plus poétique devint commune à plusieurs rois de la Scandinavie. A l'imitation d'un des demi-dieux du Valhall, ils ne voyaient de tombeau digne d'eux que l'immensité de l'Océan; dès qu'ils sentaient approcher leur fin, ils ordonnaient qu'on eût à choisir le plus beau vaisseau de leur flotte pour leur servir de bière; on y plaçait leur corps sur un trophée d'armes et de boucliers, auquel on mettait le feu; ce mausolée fragile était ensuite abandonné aux vents, qui le poussaient, tout enflammé, de rivage en rivage.

Avec la civilisation, les idées de stabilité, de justice, de légitimité, se développèrent chez les nations. Alors les monuments funèbres devinrent l'héritage le plus sacré d'un peuple. Dans les républiques, la reconnaissance désignait les citoyens illustres qui, même après leur mort, ne cessaient d'être les représentants de leur patrie. C'était en quelque sorte une élection posthume qui devait perpétuer l'aristocratie des vertus et des talents. Le Céramique offrait, à l'entrée d'Athènes, une image de l'Élysée. La belliqueuse Sparte ne permettait des inscriptions que sur le tombeau des citoyens morts au champ d'honneur. Tous les peuples libres de l'antiquité s'accordaient à considérer la violation des sépulcres et des temples comme le dernier outrage qu'on pût offrir à une nation vaincue. Dans les monarchies modernes, une famille régnante, élue ou reconnue à perpétuité, est investie de la représentation héréditaire du suprême pouvoir national; elle est comme l'image personnifiée de la patrie. Ses tombeaux héréditaires ne sont donc plus sa seule propriété; ce sont des monuments nationaux, non moins importants aux yeux de la politique que respectables aux yeux du sentiment. Ce n'est pas un vain usage, une routine indifférente, qui rassemble sous la même voûte funèbre toute une série de monarques; c'est une véritable institution symbolique, par laquelle la perpétuité de la monarchie est rendue sensible à la multitude inconstante. Voilà, se disent les générations, ces héros qui ont défendu nos limites, ces sages qui ont fondé nos lois; voilà ceux auxquels nos ancêtres ont fait un serment de fidélité, serment qui nous est commun avec eux comme nos droits et nos libertés.

Les tombes royales sont un des *palladium* d'une monarchie moderne; ce sont des symboles du passé, des hiéroglyphes de l'avenir; les violer, les outrager, c'est attaquer l'existence de la monarchie et de la nation, c'est un crime aussi énorme que le régicide, et dont un siècle civilisé s'indigne d'être témoin. La France a pu être blessée dans ses intérêts par ceux qui ont envahi ses provinces; elle n'a été blessée dans son honneur que par ces féroces ennemis qui levèrent sur les tombeaux des rois la hache fumante du sang de Louis XVI. Ce n'étaient pas quelques marbres que ces barbares voulaient anéantir, c'étaient les lois, les institutions et les libertés nationales dont ils voulaient effacer jusqu'au dernier témoignage.

La double légitimité des institutions et des dynasties, en se rattachant à un tombeau, ne se rattache pas à la mort, à la terre; mais à la vie éternelle, au ciel, à la religion qui répand autour de nos monuments funèbres ses clartés les plus augustes. Plus efficace que la fameuse cérémonie du jugement des princes défunts, la divine morale de la religion ne parle nullement aux cœurs des rois avec plus de force qu'auprès de ces tombeaux où l'éternelle égalité est rétablie devant le juge suprême. Plus touchante que l'apothéose des Titus et des Marc-Aurèle, la prière du pauvre et de l'orphelin consacre la mémoire des monarques pieux et bienfaisants.

La religion chrétienne, sous les diverses formes qu'il a plu à la Providence de la laisser revêtir, est partout le développement le plus parfait des idées morales, nécessaires à l'existence des sociétés politiques. La religion chrétienne unit donc par un lien aussi intime que sacré les dynasties et les institutions européennes. C'est donc avec un attendrissement unanime que toute l'Europe civilisée et chrétienne contemple la pieuse persévérance avec laquelle un descendant de Henri IV rassemble les ossements dispersés de ses augustes ancêtres. Relever la basilique de Saint-Denis, c'est encore combattre le principe de la révolution, et raffermir celui de la liberté légitime.

NOTES.

SUR LE SERMENT DU SACRE, p. 138, 139.

Voici, d'après le *Cérémonial français*, tous les détails essentiels sur ce serment; nos lecteurs les liront avec intérêt; ils ne sont pas moins touchants qu'importants.

L'archevêque, en présentant au roi la couronne de Charlemagne, l'épée de l'état, le sceptre, l'anneau et la main de justice, adresse au ciel la prière suivante : « Dieu, qui par
» tes vertus conseilles tes peuples, donne à celui-ci, ton
» serviteur, l'esprit de ta sapience! Qu'en ses jours naisse
» à tous équité et justice, aux amis secours, aux élevés
» correction, aux riches enseignement, aux indigents pitié,
» aux pèlerins hospitalité, aux pauvres sujets paix et sûreté
» en la patrie ! Qu'il apprenne à se commander soi-même,
» à modérément gouverner un chacun selon son état,
» afin, ô Seigneur ! qu'il puisse donner à tout le peuple
» exemple de vie à toi agréable. »

L'archevêque consacrant s'adresse en ces termes au roi :

« Nous vous supplions d'accorder à nous et à nos églises,
» que vous conserverez et défendrez le privilége canonique, avec la loi et la justice qui leur est due. » Et le
roi répond : « Je vous promets de conserver à vous et à
» vos églises le privilége canonique, avec la loi et la
» justice qui leur est due. Et je leur promets de leur ac-
» corder la défense de ces choses, ainsi qu'un roi la doit
» accorder par droit dans son royaume, à un évêque et
» à l'église qui lui est commise. »

Puis on chante le *Te Deum*, et le roi, debout, fait les
promesses suivantes : « Je promets, au nom de Jésus-Christ,
» ces trois choses au peuple chrétien qui m'est sujet. Pre-
» mièrement, que tout le peuple chrétien de l'église de
» Dieu conserve, en tout temps, sous nos ordres, la paix
» véritable. En second lieu, que j'interdise toute rapacité
» et iniquité. En troisième lieu, qu'en tout jugement,
» j'ordonne l'équité et la miséricorde. »

Après qu'on a dit les litanies, le prince prosterné se
relève, et est interrogé en cette sorte par l'archevêque
métropolitain : « Voulez-vous tenir la sainte foi, qui vous
» a été laissée par des hommes catholiques, et l'observer
» par des bonnes œuvres ? » et le roi répond : « Je le veux. »
Le métropolitain continue : « Voulez-vous être le tuteur
» et le défenseur des églises, et des ministres des églises ? »

et le roi répond : « Je le veux. » Le métropolitain demande encore : « Voulez-vous gouverner et défendre votre » royaume, qui vous a été accordé de Dieu, selon la jus-» tice de vos pères ? » et le roi répond : « Je le veux, et » autant qu'il me sera possible, avec la grâce de Dieu, » en consolation à tout le monde. Ainsi, je promets de le » faire fidèlement, en tout et partout. » On lui demande enfin. « S'il veut défendre les saintes églises de Dieu, et » leurs pasteurs, et tout le peuple qui lui est soumis, jus-» tement et religieusement, par une royale providence, » selon les coutumes de ses pères. » Et, après qu'il a répondu qu'il le fera de tout son pouvoir, l'évêque demande au peuple « s'il ne s'engage pas à se soumettre à un tel prince, » qui lui promet la justice et toute sorte de bien ; et s'as-» sujettir à son règne, avec une ferme fidélité ; et obéir à » ses commandements, selon ce que dit l'Apôtre : *Que* » *toute âme soit assujettie aux puissances supérieures, soit* » *au roi, comme étant au-dessus de tous les autres.* » Qu'alors il soit répondu, d'une même voix, par tout le clergé, et par tout le peuple : « Qu'il soit ainsi, qu'il soit ainsi. » *Amen, amen.* »

Après l'onction accoutumée, un évêque fait cette prière : « Accordez-lui, Seigneur, qu'il soit le fort défenseur de » sa patrie, le consolateur des églises et des saints monas-» tères, avec une grande piété et une royale munificence ;

» qu'il soit le plus courageux et le plus puissant de tous
» les rois, le vainqueur de ses ennemis; qu'il abatte ceux
» qui se soulèveront contre lui, et les nations païennes;
» qu'il soit terrible à ses ennemis, par la grande force de
» la puissance royale; qu'il paraisse magnifique, aimable
» et pieux, aux grands du royaume, et qu'il soit craint
» et aimé de tout le monde. »

En lui donnant le sceptre, la main de justice et l'épée, l'archevêque lui dit « que cette épée est bénite, afin
» d'être, selon l'ordre de Dieu, la défense des saintes
» églises; et on l'avertit de se souvenir de celui à qui il
» a été dit par le prophète : *Mettez votre épée à votre*
» *côté, ô très puissant!* afin que l'équité ait toute sa force ;
» que les remparts de l'iniquité soient puissamment dé-
» truits; et afin que vous méritiez, par le soin que vous
» prendrez de la justice, de régner éternellement avec
» le Fils de Dieu, dont vous êtes la figure. »

Le roi promet aussi « de conserver la souveraineté,
» les droits et noblesses de la couronne de France, sans
» les aliéner ou les transporter à personne, et *d'exterminer*
» de bonne foi, selon son pouvoir, *tous hérétiques notés*
» *et condamnés par l'église.* » Voici la partie du serment qui doit nécessairement être modifiée pour être conforme à la charte. Nous avons indiqué les principes de charité

chrétienne qui doivent décider l'église gallicane à modifier elle-même toute doctrine nuisible à la pacification religieuse. Quelle gloire immortelle n'acquerraient pas les Frayssinous, les Quélen, les Latil, les Lafare, en expliquant les sentiments de l'église sur ce point dans le vrai sens des apôtres et de Jésus-Christ!

Dans la bénédiction de l'épée, on prie Dieu « qu'elle » soit en la main de celui qui désire s'en armer, pour la » défense et la protection des églises, des veuves, des » orphelins, et de tous les serviteurs de Dieu. » C'est déclarer que la force n'est établie qu'en faveur de la justice et de la raison, et pour soutenir la faiblesse.

Les richesses, l'abondance de toute sorte de biens, la splendeur, et la magnificence royale sont demandées à Dieu, pour le roi, par cette prière : « Faites, Seigneur, » que de la rosée du ciel et de la graisse de la terre, le blé, » le vin, l'huile, et toute la richesse et l'abondance des » fruits, lui soient données et continuées par la sagesse » divine : en sorte que, durant son règne, la santé et la » paix soient dans le royaume, et que la gloire et la ma-
» jesté de la dignité royale éclatent dans le palais aux yeux » de tout le monde, et envoient partout les rayons de la » puissance royale. »

Nous n'ajouterons qu'une seule réflexion, elle est de Bossuet : « Quel compte, dit ce père de l'église, quel compte ne rendront point à Dieu les princes qui négligeraient de tenir des promesses si solennellement jurées ! »

SUR L'APOLOGIE DE LOUIS XVIII (mai 1815).

L'époque des *cent-jours* fut la véritable épreuve du royalisme bourbonien. Tout le monde ne pouvait pas aller à Gand , et parmi l'immense nombre des Français fidèles qui restèrent au sein de leurs familles, il y en a eu qui ont rendu de grands services. Cependant, à Paris, l'opinion était comprimée par la police, la censure et les gendarmes. On inondait la capitale de libelles atroces contre le caractère des Bourbons ; le roi Louis XVIII était qualifié de petit bel-esprit propre à être le secrétaire d'un ministre ; la charte royale était qualifiée d'œuvre de despotisme et de ténèbres ; *Monsieur* (aujourd'hui Charles X) était présenté comme ennemi de la liberté, brûlant d'envie de punir et de sévir ; la duchesse d'Angoulême était accusée d'intolérance et d'esprit de persécution ; bref, la famille royale était livrée aux outrages de la plus basse calomnie. Les journaux réimprimaient par ordre ces infamies ; aucun écrivain n'osait s'élever contre.

Je publiai alors une brochure, intitulée *Apologie de*

Louis XVIII. La première édition parut dans un recueil périodique, mais la seconde, *non censurée,* parut à part: je ne parle pas de la troisième; elle fut publiée au moment de la bataille de Waterloo.

Dans cette brochure (1re et 2e édition) on lit les passages suivants.

« ...Si ces princes ont cessé de régner sur la France, ont-ils cessé d'être Français ? n'ont-ils conservé aucun droit à la justice, à l'équité, je dirai plus, à la bienveillance nationale ? Il y a quelques jours, la bassesse et la perfidie les accablaient d'hommages adulateurs; faut-il qu'aujourd'hui aucune voix ne s'élève pour les défendre contre les clameurs de la calomnie, contre de lâches libellistes, cortége infâme dont rougit la victoire, et que la puissance désavoue ?...

» Ce prince (Louis XVIII) eût pu, presque sans obstacle, rétablir l'ancienne monarchie avec tous les abus qui l'ont décréditée; il eût pu ressaisir le pouvoir despotique de ses ancêtres : mais, vraiment sage et magnanime, il dédaigna ce facile succès; il aima mieux donner à sa patrie le degré de liberté dont il crut la nation susceptible, et se dépouillant de tous les préjugés qui semblent innés aux rois, bravant même les opinions contraires de ses conseillers et de sa cour, il borna lui-même son autorité par une *charte constitutionnelle*, obligatoire pour ses successeurs, et environnée de plus de garanties que n'en offrit la *magna charta* des Anglais. N'apprécions point cet acte généreux et patriotique d'après des théories abstraites et rigoureuses. Sans doute Louis XVIII aurait dû, même dans l'intérêt de son trône, étendre davantage le droit de vote et d'éligibilité, etc., etc.

» Mais est-il équitable de demander à un souverain qu'il soit plus démocrate que l'immense majorité de son peuple ?...

» Avant de parler avec tant de dédain de cette constitution *royale*, ne faudrait-il pas en avoir vu s'établir une autre plus libérale, mieux pondérée et mieux garantie ? Il ne convient pas, ce nous semble, à ces publicistes versatiles qui ont tour à tour vanté les constitutions impraticables de la démocratie, et les constitutions serviles de l'empire, de condamner avec autant de hauteur une charte qui, toute imparfaite qu'elle est, nous a du moins procuré quelques unes des jouissances de la liberté, une charte qui a rendu à nos représentants le droit de la discussion, et même celui de l'initiative.

» Le grand reproche, c'est de ne pas avoir délibéré cette

constitution avec la représentation nationale. Mais cette représentation, où existait-elle avant la charte? Il fallait recourir au peuple, dit-on. Mais le roi se croyait appelé à *régner* par le vœu de ce même peuple; le premier acte de son règne devait consister à déterminer les formes d'un gouvernement qui n'existait pas encore; pour exercer cet acte, il devait se croire investi d'une dictature qui cessait dès l'instant où il avait énoncé les lois constitutionnelles. On peut donc réconcilier cet acte avec les principes même les plus sévères et les plus républicains. Thésée et Lycurgue dictèrent leurs lois de la même manière.

»...Un prince distingué par sa bonté et son amabilité chevaleresque avait, à son arrivée, charmé tous les esprits, en disant : « Il n'y a rien de changé; je vois seulement un Français de plus en France. » Le même prince s'exprime avec la même noblesse de sentiment sur le sort des émigrés; il voit en eux aussi quelques Français de plus, il les console par l'espoir d'un avenir plus heureux. Aussitôt la malveillance jette un cri d'alarme : l'intérêt que la cour montre aux émigrés est une infraction aux ventes nationales de leurs biens; les actions les plus louables ou les plus indifférentes, les vœux, les regrets, les larmes même, sont des crimes d'état. Partout on croit voir des arrière-pensées, des intentions secrètes. Si le roi, par un morceau de ruban, console la vanité d'un gentilhomme de campagne, c'est pour insulter à la Légion-d'Honneur et aux lumières du siècle ; s'il rend à un pauvre proscrit les débris du château paternel, avec quelques arpents de bois, c'est qu'il cherche à rétablir les droits féodaux ; si, par le monument de Quiberon, il veut consacrer les regrets qu'éprouvent les bons Français au souvenir de leurs guerres civiles, c'est au contraire la cour qui veut ressusciter la Vendée et les chouans ; si enfin le frère rassemble les ossements de son infortuné frère, et les dépose dans le tombeau de ses ancêtres, c'est qu'il prépare une vengeance sanglante et le massacre des régicides...

» ... Le roi ne remplissait que les devoirs prescrits par l'église ; et si son illustre *Antigone*, la duchesse d'Angoulême, ajoutait à l'observation des rites catholiques une dévotion aussi touchante que sincère, l'intolérance et la frénésie de l'impiété pouvaient seules se permettre d'interdire à une princesse, née chrétienne, des actes que lui dictait sa conscience... L'esprit anti-religieux veillait sur les moindres essais de rétablir la religion.

» La conduite de la France au congrès de Vienne n'a été ni sans dignité, ni sans résultats. Quelle autre puissance a plaidé avec plus de chaleur la cause des faibles et des opprimés ? En qui espéraient les Génois, les Saxons, les Bavarois? Sans doute il a manqué un bras victorieux pour appuyer la diplomatie, etc., etc.

» Le ministère bourbonien a commis de graves fautes. La première fut celle de ne pas avoir un plan fixe, une marche uniforme, un seul et même esprit. Le roi pouvait-il remédier à ce mal? Ce prince, vénérable par son âge, ses malheurs et ses vertus, était enchaîné par des infirmités qui l'empêchaient d'avoir avec ses sujets des communications aussi fréquentes et aussi directes que l'aurait exigé le bien public. La censure, établie par une intrigue ministérielle, dénaturait l'expression de l'opinion publique : la voix de la vérité n'arrivait pas jusqu'au trône, ou n'y arrivait que comme un cri séditieux. Il eût fallu que des ministres aussi probes qu'habiles, aussi forts que purs, appuyassent le respectable et bienveillant monarque...

» ... Le roi, quoique imparfaitement instruit de ces dissensions, se déclarait toujours pour les mesures les plus paternelles et les plus libérales.

» Le roi avait voulu la liberté presque indéfinie de la presse, les ministres obtiennent l'institution de la censure, mais en promettant de ne pas en abuser; ils sont attaqués, accusés, déchirés dans des ouvrages que leur surveillance n'atteignait pas; ils menacent de mettre en accusation les écrivains audacieux: mais la menace reste sans effet, parcequ'on ne peut persuader au roi qu'il y a *haute trahison* à douter de l'habileté du ..... ou de la sagesse du ministre.....

» Les seules erreurs dangereuses ont été les résultats de la lutte continuelle entre les ministres qui environnaient un roi valétudinaire et sédentaire, de rapports mensongers et d'odieuses délations.

» Ce serait donc une injustice affreuse de mettre sur le compte du roi tout ce que la conduite de ses ministres a pu offrir de blâmable. Disons plutôt ce que dira l'impartiale histoire: Il a lutté avec une noble fermeté contre tout le mal que produisaient les hommes et les circonstances. »

Voilà comme je parlais de Louis XVIII exilé à Gand, tandis que l'usurpateur du 20 mars était assis aux Tuileries. Ce n'est rien, je le sais, mais personne alors n'avait osé en dire autant. Une brochure de M. de Fleury et le vote négatif de M. de Kergorlay suivirent l'*Apologie* à quelques jours de distance. Les *fédérés* cassèrent à coups de pierre les carreaux de la boutique du libraire qui vendait l'*Apologie*.

Je publierai dans une autre occasion l'entretien long et intéressant que j'eus avec M. Fouché, ministre de la police, sur le refus que je lui portai au nom de *la Quotidienne* (nommée alors *Feuille du jour*) d'insérer un article d'injures contre le roi Louis XVIII ; c'est un document curieux pour l'histoire des cent-jours. Fouché se moqua du zèle de ses agents.

TABLE DES MATIÈRES

CONTENUES DANS CE VOLUME.

Lettre à S. S. le vicomte de Châteaubriand sur le rapprochement des opinions...................... v

TRAITÉ DE LA LÉGITIMITÉ, considérée comme base du droit public de l'Europe chrétienne........... 1

CHAPITRE PREMIER.

Idée de ce traité....................... 3
Elle est fondée sur le texte du traité de la sainte alliance............................. *ib.*

CHAPITRE II.

Du principe de la légitimité sociale ou politique...... 7
L'ordre politique n'est point éternel............. 8
Principe de la légitimité; sa naissance 12
Ses caractères......................... 16
Objection. Principe de la force physique discuté.... 18

Caractère divin du pouvoir légitime................ 23
Le christianisme développe ce principe........... 24

CHAPITRE III.

Légitimité de la société religieuse...... 27
République chrétienne......................... 28
Bienfaits du christianisme..................... 29
Idées de saint Louis........................... 32
Liberté des églises chrétiennes....,.............. 34
Dangers communs des chrétiens................. 35

CHAPITRE IV.

Légitimité des nations et des institutions............ 38
Indépendance des nations...................... ib.
Intégrité du territoire......................... 39
Sur le partage de Pologne...................... 41
Libertés politiques............................. 42
Despotisme des rois philosophes................ 45
De l'Angleterre................................ 47
Sur le régicide anglais......................... 51

CHAPITRE V.

De la démocratie dans l'ancienne Europe.......... 53
Démocraties légitimes.......................... ib.

Esprit communal; ses bienfaits.................... 54
Communes et provinces de France................ 55

CHAPITRE VI.

Objection. Lutte entre les institutions légitimes...... 58
Légitimité suprême et modératrice................. *ib.*
Héroïsme né de l'esprit de corporation............. 60
Avantages de la guerre civile franche.............. 62

CHAPITRE VII.

De la légitimité monarchique et de ses avantages..... 67
La royauté moderne née de la féodalité........... *ib.*
Développements historiques sur la féodalité........ 68
Le trône devenu un majorat politique............. 70
Avantages de la succession héréditaire............. *ib.*
Puissance d'un monarque légitime................. 72
Politique héréditaire............................. 73
Esprit administratif des monarchies héréditaires.... 74
Attachement des peuples......................... 75
Transmission de la royauté...................... 77

CHAPITRE VIII.

Objections contre la légitimité monarchique......... 79
Isolement des dynasties.......................... 80
Intérêts de famille.............................. 81
Dégénération des dynasties....................... 82
Age de virilité des peuples...................... *ib.*
Révolutions de palais............................ 83

CHAPITRE IX.

Réponse aux objections précédentes................ 84
La royauté s'épurait avant 1789.................. *ib.*
Réformes commencées........................ 86
Fougue imprudente des novateurs............... 87
Précautions légales à l'égard des successions, des mi-
    norités, etc. 89
Éducation des princes........................ 94
Le duc de Bordeaux.......................... 95

CHAPITRE X.

*De la révolution française et du principe de l'illégi-
    timité*.. 97
Le principe de la révolution n'était pas uniquement
    national...................................... 99
Ni purement irréligieux....................... 100
Ni véritablement républicain................... 101
Discours supposé de Mably.................... 102
Caractère distinctif de la révolution............. 104
Tableau de sa marche........................ 105
Régicide 108
Oppression de la Suisse....................... 110
La révolution perd son pouvoir moral............ 112

CHAPITRE XI.

Vertus royales dans le malheur. 114

La famille royale de France.................... 115
L'*Antigone* de Louis XVIII..................... ib.
Exil de la dynastie portugaise.................. 117
Effet moral du malheur......................... 118
La reine de Prusse.............................. 119

CHAPITRE XII.

Napoléon Buonaparte............................ 122
Force de son caractère.......................... 123
Puissance de son génie.......................... 124
Contradictions dans son existence............... ib.
Sa chute.. 126

CHAPITRE XIII.

Restauration des légitimités. — *Les chartes royales.*. 127
L'Europe cherche la légitimité.................. 128
Première erreur sur ce principe................. 129
Trois opinions se forment....................... 130
Pouvoir conciliateur de la légitimité........... 132
Quatre maximes de pacification.................. 134
Dictature légitime de Louis XVIII............... 135
Lacunes de la Charte royale de France........... 137
Le serment du sacre............................. 138
Les régences et les minorités................... 140
Anomalie dans les lois conservées............... 142
Pouvoirs secondaires non organisés.............. 144
Discussions sur le système électoral............ 145

Lutte de l'aristocratie et de la démocratie............ 146
Le *ministérialisme ;* son intervention, son carac-
  tère... 147
Il corrompt les principes monarchiques............... 149
Discussion à venir sur l'organisation des com-
  munes... 151
Les libertés des églises trop vaguement définies..... 153
Pouvoir judiciaire du conseil d'état................. 155
Conclusion. Dictature constituante du roi légi-
  time.. 156
Exemple du roi des Pays-Bas.......................... 157

CHAPITRE XIV.

Continuation du même sujet. Des spoliations........ 160
Principe général..................................... ib.
Restrictions... 161
Des droits *utiles* et des droits politiques......... 164
Spoliation de la noblesse immédiate d'Allemagne...... 165
Indemnité politique en Bavière et Wurtemberg......... 169

CHAPITRE XV.

Continuation du même sujet. Les amnisties.......... 171
Définition d'une amnistie politique.................. 172
Exemples historiques................................. ib.
Amnistie générale de 1814............................ 177
Pardon de 1815....................................... 179
Deux principes d'honneur en France................... 180

DES MATIÈRES. 335

Discours d'un Vendéen............................ 181
Discours d'un maréchal d'empire 182
Mot d'un prince : *Union et oubli*................ 183
Réconciliation de la France avec l'Europe......... 185

CHAPITRE XVI.

Les régicides d'Angleterre et ceux de France...... 187
Sort terrible des juges de Charles I.............. *ib.*
Sort différent des juges de Louis XVI............. 190
Des peines et des récompenses.................... 192

CHAPITRE XVII.

Accord de la monarchie légitime avec le gouvernement représentatif.............................. 196
Nécessité de consulter sur les affaires........... 197
Du conseil suprême et secret...................... 198
Règles pour choisir et conduire ce conseil........ 199
Conseils nationaux publics....................... 202
Sur le rejet des propositions royales............. 204
Caractère d'un ministre de la légitimité.......... 205
La cour ennoblie par la présence des conseils nationaux. 208
Sur un inconvénient des grandes assemblées délibérantes.. 209
Remède contre cet inconvénient.................... 210
De la police. Son impuissance..................... 213
Sa nécessité..................................... 214
Comment le gouvernement représentatif la rend plus efficace... *ib.*

La police réduite à son véritable objet............ 216
Liberté de la presse périodique.................. 217
Sur quelques anomalies......................... 218
Pouvoir légitime retardant les autres institutions légitimes... ib.
Nation refusant au prince un droit essentiel...... 219
Abus des destitutions........................... 220

CHAPITRE XVIII.

Des légitimités dans l'ancienne constitution française. 222
Opinion du roi Louis XVIII....................... ib.
Opinion des parlements.......................... 224
Sentiments du clergé et de la noblesse............. 226
Faux *monarchistes ministériels*................. 227
Grandes qualités civiles des Français............. 228
Vocation spéciale des Bourbons................... 230

CHAPITRE XIX.

Politique de quelques souverains................ 231
Discours contre les fondateurs de la sainte alliance... 232
Réponse... 233
Distinction entre le *Traité de Chaumont* et le *Traité de la sainte alliance*........................... ib.
1° Les cinq grandes puissances ont-elles outré leur système de défense?............................ 237
Caractère commun des révolutions du midi........ 238
Droit d'intervention mal défini.................. 241

DES MATIÈRES. 337

2º Les fondateurs de la sainte alliance ont ils montré
un esprit contraire à la liberté..................... 243
Politique intérieure de la Prusse..................... 244
Politique intérieure de l'Autriche.................... 245
Diète fédérale germanique........................... 247
Intérêts aristocratiques féodaux dominants en Alle-
magne... 249
Métaphysiciens allemands............................ 250
Éloge personnel de plusieurs souverains de l'Alle-
magne et du Nord................................. 252
Leur crainte d'innovations justifiée.................. 254
Politique intérieure de la Russie..................... 256
Caractère du règne d'Alexandre Ier................... 259
Son influence sur l'Europe........................... 262

CHAPITRE XX.

Résumés et conclusions............................. 264
Principes de l'alliance chrétienne.................... ib.
Respect aux choses légitimes......................... 266
Intrigants révolutionnaires et contre-révolutionnaires. 267
Morale chrétienne base de la politique............... 268
Accord de la légitimité et de la liberté.............. 270
Plus de lutte entre la royauté et la démocratie...... 271
L'opinion véritable appui du pouvoir................. 272
Affabilité et bonté des monarques.................... 273
Le frère de Louis XVIII en est le modèle............. ib.
Opportunité de resserrer l'alliance européenne....... 274

338   TABLE DES MATIÈRES.

Nécessité d'aider la Grèce.................... ... 276
De l'Amérique......................... 281
Nécessité d'une pacification religieuse....... 282
Charité chrétienne........................ 283
Vœux pour les catholiques d'Irlande............. 288
La religion chrétienne seule route de perfectibilité
    sociale. 289

Éloge historique de Saint-Louis, roi de France (in-
séré dans la Quotidienne). 293

Les Tombes royales (idem). 309

NOTES.

Sur le *Serment du sacre*........ 316
Sur l'*Apologie de Louis XVIII*. 321

FIN DE LA TABLE.